法廷はことばの教室や！

傍聴センセイ裁判録

札埜和男

大修館書店

開廷　——法はあたたかいものなんですよ

「みなさん、法はあたたかいものなんですよ」

これは、甲山事件冤罪被害者である山田悦子さんのことばです。甲山事件は日本の裁判史、というより、世界の裁判史に残る冤罪事件でした。山田悦子さんは実に、二五年間も無罪を主張して闘ってこられたのです。

筆者は高校生に国語を教えている教員ですが、毎年、法教育を実施しており、その一環としてさまざまなゲストを教室にお招きしています。山田さんもそのお一人です。二五年間も司法の世界からつめたい仕打ちを受けてきた山田さんの口から出てきたのは、意外にも、「あたたかい」でした。

一審の神戸地裁で弁護側の主張が全面的に認められた無罪判決に、凍った心が溶かされていくあたたかな思いを持ったそうです。

「法の精神にのっとったフェアな判断には血が通っているのです」

過酷な体験をくぐってこられた山田さんに、「共感する」というのはあまりに軽々しいでしょう。しかし、「法はあたたかい」ということばは、私の心に染みわたりました。

法廷というと、「重々しい」「難しい」「淡々とした」といった形容や、「死刑」「もめごと」「犯罪」といったネガティブな名詞が連想されます。しかし本当にそうでしょうか？　私は負の部分ばかりではないように思います。山田さんは高校生たちに、こうもおっしゃいました。

「法はことばです」

法廷に現れたことばによって真実が明らかにされるように、裁判はことばによって成立します。法のあたたかさを感じるのもつめたさを感じるのも、すべてことばを媒介にしてのことです。より正確にいえば、ことばを発する人間を通じて感じるのです。法廷に現れることばをよりどころにして、人間のあたたかさもつめたさも見えてきます。

「法廷はことばの教室や！」

筆者はそう確信しました。本書は、その確信をもとに、法にまつわる「ことば」をキーワードに「人間」を見ようという本です。

法廷は法曹三者（裁判官・検察官・弁護士）だけで成り立つものではありません。法廷に事件が上がる前には、法医学者や家庭裁判所調査官、法廷内では速記官や法廷通訳人、判決後には、教誨《きょうかい》師や刑務官なども関わってきます。さまざまな立場の方々からお話をうかがう機会を得て、人間的なあたたかみに触れ、感銘を受けたこともあって、法曹三者以外の人々も意識して取り上げ、そのことばを追いました。その内容を、主に「第1回公判」にまとめました。

法廷に現れるのは、かしこまったことばだけではありません。方言も使われますし、ユーモアが生じることもあります。一見、裁判とは無縁のように感じる、方言やユーモアの視点から法廷のことばについてまとめたのが、「第2回公判」です。

そして、国語教師として生徒たちと参加している、「高校生模擬裁判選手権」を中心に、法（言語）教育に対する思いを「最終弁論」にまとめました。

今年四年目を迎えた裁判員制度。裁判員制度が導入されたことで、市民は否応なく刑事裁判に関わり、社会について思いを馳せる機会を持つようになりました。

法廷は「人間」がまるごと現れる舞台です。本書を通じて、読者のみなさんの前に、「人間」が立ち現われ、法の「ことば」をよりどころにして、社会を見るまなざしに少しでも深まりが生まれたならば、それにまさる喜びはありません。

もくじ

休廷（コラム）

第1回公判

法や裁判にかかわる人たち

田辺寄席の「笑呆亭」(18頁)

1 これからは、見つからんように闇やれよ

——仏のアミダさま

助けてくださいアミダさま

「鬼の本間に、蛇の竹澤、情け知らずの畠山。助けてくださいアミダさま」

戦後間もないころ、大阪拘置所の囚人の間で、このようなことばが流布されていました。出てくるのはすべて、大阪地方裁判所にいた個性の強い裁判官の名前です。本間判事は一本気で刑が重く、竹澤判事は当たりは柔らかいが刑は厳しく、畠山判事は情が足りなかったのだとか。最後の「アミダさま」ですが、これは、情け容赦ない裁判官ばかりだったために、囚人たちが仏様にお祈りした、というわけではありません。実際にいた裁判官の名前です。

本名は「網《あみ》田《だ》覚一《かくいち》」。とても情け深い裁判官だったようです。その人柄を伝えるエピソードを、網田判事との出会いをきっかけに裁判官になった石松竹雄さんが回想しています。石松さ

んが司法修習生として、ある法廷を傍聴したときのことです。統制法令違反の裁判でした。第二次世界大戦中から戦後にかけては、いわゆる統制経済の時代で、物の売買や取引価格は、食糧管理法や物価統制令などの統制法令によって規制されていました。

被告人に対して、「おまえの同業者はみな闇やっとるか」と問う網田裁判長。

「はい。みなやっております」

「みな捕まるか」

「いえ、捕まったのは私だけであります」

みなやっていて自分だけ捕まるとは、なんとも間の抜けた、あるいは運の悪い人です。そこへ裁判長のユーモアのにじんだコメントが飛びます。

「君、人づきあいが悪いのと違うか」

「そうでもないと思いますが」

「これからは、見つからんように闇やれよ」

終始、磊落《らいらく》な口調で、リラックスした雰囲気すら感じられる網田裁判長の被告人質問。下った判決は、「執行猶予付きの罰金」でした。傍聴していた若き石松修習生は、「これなら闇米を食べながら裁判ができると思った」そうです。

少し当時の世相について説明しておきましょう。戦後は統制法令を守っていては生活ができず、闇取引が横行していました。食糧に関しては配給だけでは生きてゆけず、都市住民のほとんどは闇物資を入手して命をつないだのです。闇食糧を口にしなかった東京地裁の山口良忠判事が餓死したのは当時の有名な話です。だからといって、闇取引を放置しておくこともできないというわけで、当局は闇行為者の検挙を行っていたのですが、公平な取り締まりなどできるはずもなく、運の悪い者だけが見つかって起訴されて裁判を受ける実情にあったのです。

異色の裁判官

後に陪席裁判官として網田氏と一緒に仕事をし、葬儀の際に弔辞も読んだ石松さんに、生前の網田裁判官についてお話をうかがいました。

裁判官としては非常に異質な人だったようです。電車の中で大声でしゃべる癖があり、離れて乗っていても、「あ、網田さんだ」とすぐわかったとのこと。裁判官だからといって威張る風はまるでなく、電車で隣になった人とでもすぐ話のできる、たいへん庶民的な人でした。

正月には、近所の子供がお年玉目当てに網田氏の後をついて回ったといいます。だれとでも分け隔てなく接する人だったのでしょう。宅調日（自宅で仕事をする日）には三時頃から銭湯に行き、いろいろな人に背中を流してもらったという話も残っています。

「官舎など入っていたらロクな裁判はできん。世間などわかるか！　とよく言っておられました。家に風呂を作らなかったのは、銭湯に行って世間の風にあたるためだったようです」

と石松さんは振り返ります。

異色の裁判官、網田覚一は、一九〇二年（明治三五）、兵庫県印南郡阿彌陀村、現高砂市阿弥陀町に生まれました。高砂は、播州と呼ばれる地域で、このあたりのことばは播州弁と呼ばれます。「立腹する」ことを「業《ごう》沸く」と表現するなど、いわゆる大阪弁とは異なる方言です。石松さんによると、「網田さんのことばは、本来の大阪弁ではなく、変則的な大阪弁らしきことばで、ざっくばらんに表現していた」といいます。

父親は村長を務める地元の名士でした。旧制高知高校から京都大学法学部へ。司法試験合格後、大阪で司法官試補（司法修習生）時代を過ごし、その後、山口（船木）・金沢等を経て戦争末期に大阪地裁に赴任します。自由闊達な雰囲気の大阪で、網田裁判官は数々の伝説に残るエピソードを残しました。

なかなか終わらない検察側と弁護側のやりとりに、「腹減ったし、いい加減にやめんかい！」とたしなめたこともあったとか。法廷で話すことばは「八百屋で野菜を売ってるおっちゃんと全然変わらなかった」とも伝えられています。

ことばを合わせる

石松さんの網田氏をめぐる回想の中で、筆者が最も心ひかれたのは「裁判官はその土地のことばや目の前にいるその人の日常語を使わなければならない」という考えです。こんなエピソードがあります。

終戦直後のこと。被告人が罪を認めているある窃盗事件について、裁判が始まりました。網田裁判長はいきなり、被告人に向かって

「そこの泥棒！　おまえ、前に来い！」

と言い放ちました。厳粛な法廷に響き渡る、大音声。周囲の傍聴人や関係者が唖然とする様子が目に浮かびます。

これだけ聞くと、いくら罪を犯した被告人とはいえ、法廷で裁判官が「泥棒！」と呼ぶのはずいぶん失礼だと感じることでしょう。けれども、網田氏は「被告人にわからないことばを

使っても意味がない。泥棒、と言われないとわからんのや」とその意図を周囲に話していたそうです。「被告人」などという呼び方を理解できない、おそらく、貧しく教養の低い人だったのでしょう。もちろん起訴事実を認めている被告人に対してです。網田氏は被告人の身になって、相手に合わせてことばを使い分けていたのです。

裁判員制度が実施されるようになって、現在でこそ、市民にわかりやすいことばを使おうという動きが専門家の間で出てきました。しかし、当時はまだ法廷のやりとりは法廷のバーの向こう側（法曹関係者）でわかっていさえすればよい、という風潮の強かった時代です。そんな時代に、法廷で使うことばを、専門家の側ではなくて、市民の側に合わせた裁判官がいたのです。六、七〇年前にすでに裁判員時代の魁《さきがけ》となる裁判官がいた、その事実に感銘を覚えます。

傍聴をしていると、被告人には本当に裁判官のことばがわかっているのだろうか、と疑問に思うことがしばしばです。網田氏のことばへの姿勢に、現在の法曹関係者が学ぶべき点はおおいにあるといえるでしょう。

無罪発見が大事だ

網田氏は同じ裁判を担当する二人の陪席裁判官には、「一人（主任裁判官）は少しも見落としがないように良心を持ってきちんと（記録を）読んでおく。もう一人は主任裁判官の意見を批判的に検討すること」と言い含め、自身は大所高所から判断すると言って事件に関係する本をたくさん買い込み読んでいたのでした。三人の裁判官が皆同じように記録を読み、それで時間をつぶしてしまっては意味がない、三人がそれぞれ特色を発揮することによって合議制の良さが出るというのが、網田氏の考えでした。

裁判官の中には法廷外の弁論に影響されないように、用事のない弁護士や検察官を部屋に入れない裁判官もあるのですが、網田氏の部屋には弁護士や検察官が自由に出入りしていました。「弁護士や検察官に影響されんぞ」という自負があったのでしょう。

裁判官というと、厳正中立、どちらかというと厳《おごそ》かに「有罪」と言い渡す人という印象が強いかもしれません。しかし、網田氏の信条はそうではありませんでした。裁判官は、被告人の無罪を発見することが大事だ、と主張していたのです。検察官とっては煙たい存在だったかもしれません。

部屋に来ていた検察官に対し、「これこれの事件では控訴趣意書を書いておけよ」と言い、検察官が「また無罪ですか。控訴せんで済むような判決書いてください」と主任裁判官に頼むということもあったようです（検察官は控訴すると、控訴趣旨書を書くなど仕事が増えるのでなるべく避けたいという面もあるのです）。

日本の有罪率は九九％を超えており、検察側が有罪になると確信した事件しか裁判になりません。裁判官の中には検察官が間違えるはずがないという発想をもっている人がいることは、周防正行監督の映画『それでもボクはやってない』(二〇〇七年、東宝)でも取り上げられ、話題になりました。市民にことばを合わせる姿勢とともに、刑事裁判官の仕事は、被告人の無罪発見である、とする網田氏の姿勢は、現代にこそ生かされるべきです。

再評価されるべき裁判官

網田覚一判事について紹介したいと思ったのは、「昔、こんな自由な裁判官がいたのか」という感銘からでした。

「これからは、見つからんように闇やれよ」ということばは、「法」を守るべき裁判官にあるまじきことばなのかもしれません。しかし、「法」は「のり」と呼んで「仏の道・仏の教え」をも意味します。このことばを聴いた被告人は、本当に法廷に「阿弥陀」様を見たことでしょう。社会の実態をつかみ、人情の機微のわかる裁判官、その背後に並々ならぬ権力に対する抵抗精神を持っていた網田氏は、再評価されてよい裁判官だと思います。

2 かしこまらんとみんなで話し合う
——裁判員制度のはしり・田辺寄席の「笑呆亭」

市民の法廷「寄席」

ここは、市民が有罪無罪を決める「小法廷」。ところが、実際の法廷とはまったくちがう空気が流れています。張りつめた空気ではなく、ほのぼのとしたやわらかい空気です。

寄席文字で書かれた額の下には松羽目の舞台、赤い毛氈の上にはふかふかの座布団。演者の軽妙なトークにあたたかな笑いの渦がおこります。

じつはここ、小法廷は小法廷でも「笑呆亭《しょうほうてい》」という、寄席の中にある法廷なのです。裁判官のようにこの空間を仕切るのは、ベテラン落語家、桂文太師匠（五代目桂文枝門下）。

大阪には、各地域に寄席が多く存在していますが、地域寄席の中でもっとも古い歴史を誇るのが、大阪市東住吉区に事務局をおく「田辺寄席」です。田辺寄席では、裁判員制度が始まる前から、裁判員制度をまったく意識することなく、「おもろい」ゆえに落語の噺《はなし》をもとに有罪無罪を決める企画をしています。それが「笑呆亭」です。

田辺寄席は地元住民であるOさんたちの努力により、一九七四年パン屋の三階で始まりました。二〇一二年三月には三八周年・六〇〇回記念公演が開催されました。現在では、阿倍野区にある桃ヶ池公園市民活動センターを会場として毎月三回開催されています。

田辺寄席では毎回五席演じられるのですが、そのうちの仲入り前の落語から、「笑呆亭」の題が出されます。仲入りの休憩時間中に、お客さんは選択肢から解答を選び、全五席終了後に当否の発表と解説があります。

企画の発案者であり主宰者である落語家、桂文太師匠は、ことの発端をこう語ります。

「落語って気楽に聴いてるけど、よう考えたら現実にそれはないやろ、という噺、多いでぇ。昔の話やから、すまん、で済むけど、実際どうなんやろ」

その疑問を形にしたわけです。そして二〇〇六年九月、昼席第四〇一回田辺寄席にて、〈「ズバリあてま賞！」新シリーズ四〇一号笑呆亭〉が「開廷」しました。裁判員制度開始より三年前のことです。記念すべき第一号の案件は「いらちの愛宕詣《あたごまい》り」でした。

平和なはずの「落語の世界」でも色々な事件が起こっています。さてあなたならどう裁く?☆「いらちの愛宕詣り」から…（文太・談）

（田辺寄席ニュース『寄合酒』No.399）

笑都と裁判

笑いが文化として根付く大阪では、法律を笑いと結びつける試みも活発です。NHK大阪放送局には『バラエティー生活笑百科』という、法律と笑いを組み合わせた番組があります。昭和六〇年四月から続く長寿番組です。だれもが思いあたるような、生活の中のトラブルを漫才師が演じた後、笑福亭仁鶴相談室長や上沼恵美子相談員、ゲストらがユーモラスに意見を述べてトークを繰り広げ、最後にプロの弁護士が正解を出す、という番組です。

また、日本司法支援センター大阪地方事務所（法テラス大阪）では、広報活動の一環として、米朝事務所や大阪弁護士会の協力を得て、二〇〇八年から「法テラス寄席」を開催しています。たとえば、第三回（二〇〇九年）では、桂宗助さん（米朝師匠の直弟子）が演じた「一文笛」の噺について、法律家が今の法律ではどうなるかを解説した後、登場するスリ（窃盗犯）の有罪無罪を落語家と法律家が評議しました。

演者と観客が裁く「笑呆亭」

「笑呆亭」が裁判員制度以上に裁判員制度らしいところは、「判決」の決定権が法律の素人にある点です。法律家の「回答」を紹介はしますが、判決はその回答に決して拘束されず、お客さんと文太師匠とが相談して下すのです。

たとえば、「淀五郎」をお題にした「笑呆亭」の様子を見てみましょう（『寄合酒』No.544）。

〈争点〉

田舎の旅人二人が芝居小屋に入ると、隣のおじさんが大部屋の役者に向かい「大根、大根」。そこで二人は由良助役の尾上多見蔵に、その意味も知らずに「大根、大根」。二人だけが芝居小屋から放り出されたが、二人は入場料を返してもらえるか？

A　返してもらえる　五六名
B　返してもらえない　七五名

〈法律家の回答〉　返してもらえる。

旅人二人は芝居を観るために入場料を払い入場が認められたのであるから、芝居小屋には契約上旅人二名に芝居を終わりまで観覧させる義務があり、その中途で二人を芝居小屋から放り出したのであれば、芝居小屋に上記義務の不履行、契約違反があるのであるから、二人は契約を解除して入場料の返還を求めることができる。

旅人二人は役者に対し「大根」と発したことから放り出されたようであるが、仮に芝居小屋が契約上、観客に対し野次、その他芝居を妨害する行為の禁止を定め、これに反した者を退場させるといった規定を設けていたとしても、「大根」程度の野次は一般的に大衆観劇にはつきものといえるし、また一度の野次で芝居が妨害されたといえるかも微妙であり、規定内容の合理性、旅人二人の規定違反の有無の判断は難しいと思われる。しかも観客に規定の周知を図っていたかも問題となるが、少なくとも同じ野次を飛ばした隣のおじさんは不問にし、旅人二人だけを退場させた芝居小屋の措置は、規定の運用も不合理、不適切なものといえるので、旅人二人の主張は認められるであろう。

このように、法律の専門家である弁護士さんの回答は、「A　返してもらえる」でした。ところが、法律家が「正解」を出して終わりという展開にならないのが「笑呆亭」らしいところ。お客さんの回答は「返してもらえない」が多数であることをふまえ、文太さんや当日の若手出演者が舞台上で話し合いを始めます。その結果、判決は「B　返してもらえない」に決定しました。Bに投票した七五名のうち、抽選で三名に、田辺寄席「睦月席・通し券」がプレゼントされました。

権威や権力を笑い飛ばす大阪人

この判決、みなさんはどうお感じですか？　弁護士の判断がひっくり返されたことに、驚かれたのではないでしょうか。なぜこういう判断になるのかという理由を、世話人のOさんにきいてみました。

「弁護士さんは野次を許容範囲と言《ゆ》うてはりますが、これは金を返すとか返さないとか、そういう問題やないわけです。旅人二人がやったことはとんでもないことです。『大根』の意味もわからず由良助役に野次を飛ばして、芝居をつぶしてしもたんですから。

弁護士さんて言うてもあくまでも一専門家に過ぎへんわけで、一弁護士の考えでしかないわけです。ただ、素人ばかりより一人ぐらい専門家も置いとこということです。

弁護士さんには、お忙しい中、田辺寄席の『1コーナー』にご協力いただいて、本当に感謝していますが、専門家の意見がそのまま決まってしまうのでは、おもろいことも何もないわけで、あくまで「参考意見として聞いとこ」ということです。弁護士さんも、一つの『権威』の象徴と見て、『それがなんぼのもんじゃ』と思うところが、いかにも大阪らしいと思います。

『裁判』を専門家だけのものとせず、かしこまらんとみんなで話し合う。これが『笑呆亭』

なんです」

「事件」は基本的に人間同士のトラブル。それ自体は実際は哀しいものが大半です。けれど、そこで引いてしまうのではなく、笑ってしまえ、笑って呆れよう、文太師匠の命名による「笑呆亭」にはそういう精神が込められています。

なんでも自分たちの手で

田辺寄席は、非常に自立した組織として成り立っています。準備、企画、当日の運営や後始末、機関紙の発行など、すべて世話人と称する人々の手で行われています。郵便職員のストがあって機関紙が配布できないことがあったことから、近隣の区域に配布する約七〇〇部は、世話人が手で配っています。

阪神淡路大震災の翌日、一九九五年一月十八日の田辺寄席終了後。テレビで神戸の街の燃え続ける映像が流れる中、ロビーでは、初席恒例のぜんざいが振る舞われていました。

「神戸の惨状をテレビで見ているだけの人に、なんでぜんざい出してるんや」

（中略）

「今、ここでこんなことをしてててええのか…」

（『田辺寄席三〇周年公演記念文集』74頁）

こんな声がロビーから自然にわき起こりました。こうして、田辺寄席による被災地でのボランティア活動が始まりました。活動の息は長く、現在も神戸での出前田辺寄席や復興住宅で年末餅つき大会が行われています。

田辺寄席を主宰し、四〇年の芸歴を持つ桂文太師匠は目が見えません。五〇歳のころ病気で失明したのです。しかし、目は見えなくても「高座に上がれば見える見えないは関係ない」と述べる師匠の頭の中に、落語はすべてインプットされています。

笑呆亭の第一回が「いらちの愛宕詣り」、「い」から始まる噺、次は「ろ」から始まる「ろくろ首」、そして「(は) 八度狸金玉仇討ち」…と、いろは順に演じています。そんな芸当ができるのは、それだけネタが豊富な、実力派だからこそです。

数年前から盲導犬と寄席に通い、「いろいろな障害のある人が楽しく歩けるよう、街も人の心もバリアフリーになってほしい」と語る文太師匠のことばには、市民のための裁判員裁判の理念に通じる点があるように思います。

世話人のOさんは、田辺寄席の活動について、「縁の下の力なし」と表現します。

「縁の下」といいながら、「力持ち」という言葉には、「大きな力を持っている」と力を誇示しているようで嫌だった。「力なし」とはゼロではないが「力が弱い」。力の弱い私達だけでは、何一つ出来ない。多くの方と力を合わせ、力を合わせあったからこそ出来る事をしたい。（同書75頁）

一人一人に力はないけれども、みんなと力を合わせて知恵をつき合わせることで、権力を持った人間よりも、より市民感覚に近い判断を下すことができる。洒落で始まった「笑呆亭」の取り組みは、市民だけで判決を下す陪審員裁判を思わせます。

そう思わせるのも、田辺寄席に関わる人々が専門家の意見を鵜呑みにすることなく、自分の頭で判断する自立した市民であるからこそでしょう。

休廷　刑務官の心

刑事裁判では、被告人は制帽・制服をまとった二名にはさまれるかたちで入廷してきます。その制服姿の人が、被告人の腰縄をほどき手錠を外してから裁判が始まるのですが、その後は傍聴席に近いバーの手前の椅子に、黙ったまま傍聴人と法廷をふさぐ壁のごとく座っています。裁判が終わると、再び被告人に腰縄をつけ、手錠をかけ、法廷の奥の扉に一緒に消えていきます。

傍聴を始めたころ、この一言も発することなく去っていく制服姿の人は、いったい何者なのだろうと思ったものです。拘置所職員であると知るのに時間はかかりませんでしたが、その人たちが何を考え、どのような気持ちで仕事をしているのかは、全く想像できませんでした。

二〇〇五年夏、担当する国語の授業で、高校生たちに聞き書きを課しました。自分の興味のある人にインタビューし、その結果を文章にまとめる課題です。その作品のひとつに、Sさんという女子高生がとある拘置所の職員二名（刑務官・心理技官）に拘置所内でインタビューをしてまとめたものがありました。このSさんの作品を読んで、拘置所職員の思いの一端を知ることができました。要約して紹介しましょう。

紹介するのは当時その拘置所に勤めていた女性刑務官へのインタビューです。この刑務官は漫画やテレビで話題となった『家栽の人』（毛利甚八作・魚戸おさむ画。一九八八年から一九九六年『小学館ビッグコミックオリジナル』に連載）を見たことが今の職業に就くきっかけだったと言います。

「この拘置所では、出て行ってからちゃんと更生できる人もいれば、また戻ってきてしまう人、出たり入ったりを繰り返してしまう人もいます。拘置所を出ても温かくは迎えられないだろうし、周りの人たちの目っていうのがありますのでね…。

矯正施設内は（世間の目から）守られているので、施設を出る何週間か前くらいになると、気持ちを整えて心の準備をしています。私たちも手助けしますけど、あとは本人がどう頑張るかになりますね。犯罪を犯してしまったのはやっぱり自分の責任ですけど、家族にしろ友達にしろ支えてくれる人が一人でもいれば頑張れると思いますし、また戻ってきてしまう人も変われると思うんですけど…。

私は以前少年院で法務教官をしていましたが、少年院と拘置所では全然違うんですね。やっぱり少年相手の教官たちは、本当に一生懸命になって助けようとしてるんです。周りから見たら『なんでそんなに熱いの？』って言われるかもしれないけれど、本当に一生懸命なんです。一人一人がちゃんと更生して社会に戻って幸せになってほしいと心から願っています。怒るときは怒って厳しくするし、何か悩んでいるときは真剣に相談に乗って助けようとしています。

だから、その少年が出ていくときは本当にうれしいです。出た後も『赤ちゃんができました』とか『今こんなことをしています』みたいな手紙がきたりすると『あぁよかったな。幸せに暮らしてほしいな』と本当に思います。

　最近の犯罪は、昔と質が違ってきているように感じます。犯罪を犯しても何も感じない人が増えているんです。だから、そういう人たちにはどう接していけばいいのか新たに考えないといけません。周りから見ると悪い人と思われているような人でも、ずっと話しているといいところも見えてくるんですね。

　できる範囲で助けてあげたいと思っているんですけど、だからといってそこに気持ちが入り込みすぎてもいけないし、距離感がとても難しいです。自分のできる範囲でしなければいけないんですけど、そこまではやってはいけないという範囲に入り込んでしまわないようにするのが大変です。被害者の立場もありますからね…。


私が目指す理想の刑務官は、正しいことを正しいと言える人、してもいいところとだめなところをきっちりと持って人と接することのできる人です。だからといって機械的になるんではなくて、その人に対して本当に立ち直ってほしいと思える、そういう人になりたいです」


　被告人を護衛して入廷してくる刑務官の表情は読み取りにくく、ときに無機質的な権力の象徴のようにすら感じることがあります。しかし、実際にその役目をこなす人々は当然ながら温かい血の通った人間であり、職務への情熱と高い志をもっています。

　刑務官の人間性を見事に浮かび上がらせたSさんの作品に、筆者は最も高い評価をつけました。

3 目が合ったときに、交わったという瞬間があるんですよね
——法廷通訳人のやりがい

裁判員制度が始まって

「裁判員制度が始まって、法廷通訳人の負担も増えました」

こう語るのは、関西の裁判所で法廷通訳を務め、二〇一三年で二一年目になる、丁海玉（チョンヘオク）さんです。

「裁判官だけのときは、蓄積されてきたノウハウや、裁判官と通訳人との間の暗黙の了解で対応できたこともありました。でもこれからは、裁判員にもわかりやすい通訳が求められると思います。市民のかたは、通訳を通して聞くことに慣れていませんから。

裁判員からどう見られているかも気になりますし、傍聴人も増えています。また、事前に準備することも増え、法廷に入る前に集中するためのエネルギーも必要です。

裁判員裁判では通訳が二人体制になるケースも増えましたが、疲れが半減したわけではありません。二人だとそれぞれ語感の違いもあり、単語のすり合わせが難しいんです」

丁さんは在日二世。お父さんも同胞のために通訳をするという環境に育ちました。大阪の高校を卒業後、韓国の名門ソウル大学に進学。これが通訳を志す契機となります。在学中、光州事件（民主化を求める活動家とそれを支持する学生や市民が軍隊と衝突し、多数の死傷者を出した）が勃発し、当時の大統領、全斗煥（チョンドゥファン）が戒厳令を敷いたのです。

メディアが機能不全に陥る中で、緊張の毎日が続きました。「言葉がよくわからない異国で、いきなり身柄を拘束されたらどんなに不安だろう」という思いが、法廷通訳の道を歩むきっかけになりました。

法廷通訳人とは

法廷通訳人とは、日本語が通じない外国人被告人の裁判や証人が証言する裁判で、裁判所が付ける通訳人のことです。通訳人は、日本語の通じない被告人や証人と、法曹三者（裁判官、弁護人、検察官）との橋渡し役を務め、被告人の権利を保障して適正な裁判を実現する上で、非常に重要な役割を担います。国際化の進展とともに犯罪も国際化し、法廷通訳人の重要性はますます大きくなってきています。

二〇一一年に全国の地裁・簡裁で判決を受けた被告人六万五六一八人のうち、通訳人がついた外国人被告人は二六四四人、およそ二五人に一人の割合であり、国籍は七七か国にのぼります。

二〇一二年四月一日現在、法廷通訳人候補者名簿に登録されている人数は四〇六七人で、言語は六二になります。二〇一一年に法廷で使用された外国語は、上位から、中国語（33・4%）、フィリピノ（タガログ）語（12・2%）、韓国・朝鮮語（9・4%）、ポルトガル語（8・3%）となっています。「その他」が6・8%で、その内訳は二九言語にも及んでいます。

法廷通訳人になりたい人は、各裁判所に連絡して、裁判傍聴・面接・導入研修を経た後に通訳人候補者名簿に登載されます。その名簿から事件ごとに選任されるのです。

裁判所はどこも、通訳人確保に頭を悩ませています。筆者もある地裁で、刑事裁判を担当する事務の人が「今度の少数言語の通訳人、どうしよう」と困り果てている光景を見かけたことがあります。

二〇〇九年十一月、大阪地裁でのこと。外国人による覚せい剤密輸事件の裁判員裁判で、法廷通訳人二名の訳に、誤訳や訳し漏れが六割に及んだと専門家が鑑定し、弁護人が控訴した例がありました。結局、裁判長が「法廷でのやりとりを即座に訳すため、一言一句を誤りなく通訳することは困難」と指摘し、被告側の主張については、「微妙なニュアンスの違いを指摘したに過ぎない」と主張を退けました。

法廷通訳人になるのに特段の資格はいりません。しかし、人手不足に加えて、実質は個人任せの研鑽、誤訳が許されない重圧、極度の集中力が求められる労働状況、本番の法廷が始まるまでの膨大な準備の必要性、難解な法律用語、明確な報酬規定の不備など、高いリスクを負い、厳しい労働環境の中で実務を行っている現状があります。

通訳の難しさ

法廷通訳人の重要な行動倫理として「正確・迅速な通訳の保障」「レジスター（原語の趣旨）との一致」が挙げられます。当たり前のように感じるかもしれませんが、よく考えると非常に難しいことです。

ことばには、そのことばが属する文化が背景にあります。ただ単語を置き換えて済む問題ではありません。たとえば、くだけた外国語ならばそれに合う日本語に通訳しなければなりません。どのくらいくだけた日本語表現でよいかという判断には、法廷通訳人の価値観も入る可能性があります。

ことばだけを切り取って通訳はできません。表情やそのことばの背景となる情感、〈余白〉を含めて翻訳します。自分が理解できないと通訳できません。理解するということはそこに解釈が入るということ。そこには危うさがつきまといます。ひとつ間違えると、解釈は先入観につながるからです。そんなギリギリのところで通訳をしています」

丁さんは、朝鮮・韓国語の通訳には、次の三つの難しさがあると言います。

「一つめは同音異義語が多いこと、二つめは使役・受身形の訳の難しさです。三つめとしては感情表現、とりわけ罵《のの》り語の訳の難しさです。感情表現をそのまま大阪弁の罵り語に直すようなことはしないですね。ぴったりくることばがない場合は、近いことばを探すことになります」

丁さんは、詩を創っています。法廷通訳人としての悩みを綴った詩集『こくごのきまり』では、罵り語にまつわる心情を次のように表現しています（「・・・・」は省略箇所）。

・・・・・
ケーセキはケーキセットのことではない
ケーセキはケーとセキでできた外国の言葉だ
ケーは犬
セキはガキ
犬畜生とかコンチクショウとか
訳してみるとそんなふうになる

裁判所二十七階の宴会場に送られる前
ケーセキはぴちぴち活きが良すぎて
そこらじゅう暴れまくった
・・・・・
（「メニューの添え書き」）

言語への思い

「透明人間」「黒子」であることを求められる通訳は、法廷において自分の感情を入れることが許されません。しかし法廷で通訳していると「被告人の緊張の度合いや感情の波が伝わってくる」と丁さんは言います。通訳人も、二つのことばのはざまで思い悩む生身の人間なのです。

・・・・

裁判官の前にすわったおんなが
日本語とぼくの国のことばを訳している
ぼくは舌がこわばって
言いたいことの半分も言えないのに
なんとかつっかえ話したら
あんなにもためらいなくぼくを日本語で演じて見せた
石ころをおなかから
吐き出すように出したことばも
おんなには辞書にならぶ
ちいさな活字のひとつにすぎないらしい

・・・・

ここでは日本語とぼくの国のことばは
行ったり来たりをたやすくできる

だれのことばも
どんなことばも
あっさりぼくを通り抜けて消えていく
ここではみんなことばは
ぼくに近くてとても遠い
（「ここではみんなことばは」）

丁さんは、単語を置き換えただけでは伝わらないニュアンスや意味のずれを「言葉のきしみ」と呼び、その音に耳を澄まし、詩を創ります。「私は通訳する機械じゃない。思い悩むとき、詩が私を守ってくれるんです」と言います。

詩集の題は『こくごのきまり』ですが、「こくご」には「さまざまな立場、国籍の人にとっての母語」という意味が込められています。

「日本語は私の母語であり、韓国語は私にとって母国語です。日本語はできるけれど、韓国語は第二の言語ということになる。一方で、私が法廷通訳人として裁判所で出会う人たちは、韓国語はできるけれども日本語に不自由しているということで、私の逆だと思います。

日本の裁判所という場で、母国から来た人のために日本語を使って働くことに、〈よじれ〉

のようなものをいつも感じています。一方的にことばを通訳して流しているだけで、私自身は何も言えない。答えの見えないジレンマを、法廷通訳人という装置を使って満たそうとしているだけでは、と悩んだときもありました。

でも、今は違います。自分の母語である日本語と母国のことばである韓国語を変換する、この通訳という仕事は、言語への自分の思いを確かめる行為だと考えるようになりました」

法廷通訳人のやりがい

丁さんのことばを借りれば、法廷通訳人は「透明人間」「黒子」どころか、常に「裸」の状態で衆目にさらされる存在、守ってもらうことを誰からも期待できない存在です。にもかかわらず、そういう厳しさがあってもやっていけるのは、やりがいのほうが大きいからです。

「裁判が終わると法廷通訳人は去っていく存在、忘れ去られる存在です。けれども、裁判が終わって、被告人や証人と目を合わせるときがあります。あ、〈交わった〉、という瞬間、そう思える瞬間があるんです。

曖昧な立場の自分、その位置づけに、法廷通訳人の私が自分自身をオーバーラップするのかもしれない。今、私が立っているこの法廷という場から、目をそらしてはいけない。ここでしか自分のできないことがある。そう確信してこの仕事をやっています」

4 調停の極意は条理を極めることである

――ある調停委員の回顧

調停は人生そのもの

「調停は人生そのものです。サラリーマン生活だけでは経験できないことがたくさんありました」

これは、一〇年間で数百件の調停の案件に向き合い、大抵は当事者たちに喜んでもらえたと振り返る元調停委員、Aさんのことばです。

「ゴルフでたとえれば、調停に持って来られる話は、OBぎりぎりのトラブルショットボールばかり。びっくり仰天ばかりしていては務まりません。腹を据えて対応しなければ」

Aさんは、調停委員を務めることで人間の幅が広がったよう感じる、と言います。調停では、平凡な日常生活を送る私たちには想像できないような、異常な話に直面することもしばしば。

それでも毅然と対応することができるのは、Aさんが一般社会でしっかりと生活し、人間としてのベースができているからなのでしょう。

意外と知られていない調停委員

ところで、「調停」ということば、あるいは、「調停委員」という存在をご存じでしょうか。

裁判沙汰になると費用も時間もかかります。裁判にはしたくないが、自分たちだけでは解決できない紛争もいろいろあります。そこで、裁判を起こさず第三者に関わってもらって解決を図る制度が、調停制度です。その「第三者」にあたるのが、調停委員なのです。

調停制度は一九二二年（大正十一）に発足し、約九〇年の歴史があります。「調停委員」は原則として、弁護士となる資格を有する者、民事・家事の紛争解決に有用な専門的知識を有する者、または社会生活の上で豊富な知識・経験を有する者で、人格・識見の高い、年齢四〇歳以上七〇歳未満の者の中から任命される、非常勤特別職国家公務員です。

調停には、地方裁判所や簡易裁判所でおこなう民事調停と、家庭裁判所でおこなう家事調停があり、調停委員も、民事調停委員と家事調停委員に分かれています。

Aさんは、大手損保会社のサラリーマンとして三八年間勤務した後、一〇年間、民事と家事の調停委員の兼務を経験しました。法曹界にいる知人の推薦で調停委員に任命されたのです。

調停委員になるには、自薦・他薦のうえで、管轄裁判所による厳しい面接をクリアしなければなりません。ふだんからいろいろな分野の実務を経験し、紛争解決能力を備えておく必要があります。裁判所が、弁護士会、医師会、司法書士会などの各種団体に推薦を依頼したり、広く有能な人材を公募したりすることもあるようですが、審査は厳しく、厳選主義で、一度任命されても二年ごとの更新時期には再び裁判官による面接を課されます。ボランテイア感覚ではとても務まらない役職です。

びっくり仰天の日々

民事調停事件では、駅前スーパーの億単位の立退料交渉、アパートの百円単位の賃料改定交渉、土地の所有権・境界争いなどの不動産調停、貸金業者との特定調停、高額の交通事故賠償、医療過誤にともなう損害賠償請求事件など、じつにさまざまな事件を、Aさんは解決してきました。

一方、家事調停では、婚姻費用分担の調停がいちばん多く、次に遺産分割、婚姻中の夫婦間の事件という順になります。調停前置主義といって、離婚の訴訟を起こすときには、いきなり裁判所に訴えることはできず、まず調停委員に持ち込むことになっているのです。

「家事調停事件の中身は、とても活字にできないような事案が目白押しで、びっくり仰天の毎日でした。サラリーマン時代には関わったことのない、生々しく、常識を逸脱した、アブノーマルな世界でした」と、Aさんは語ります。

家事調停は解決困難な案件が多くて、特に子供がからむ事件では、親権者をめぐる争いや、養育費の問題など、悲惨さも倍増します。争点は関与する人間の数だけあり、千差万別。家事調停を「人間関係調整調停」と読み替えてもよいほどです。

ある家事調停で、裁判所に現れた申立人は、女装した男性でした。度肝を抜かれたAさん。それでも、「それがあなたの人格ですから」と平静に対応しました。

「当事者と同じ目線に立つことが大事なんです。当事者の人格を認めなければいけません。プライドの無い人間はいないんです。ですから性悪説を排除して性善説に立ちます」

申立人がいちばん聴いてほしいことを聴いてあげる、聴くことから始めるのです。

一方で訴えられた側にしたら、「なんでこんなとこにこなあかんねン！」という気持ちです。相手から罵声を浴びることも当たり前。そんなときは、「台風一過、相手の気持ちが収まるまで待ちます。それから、本論から離れて雑談。その人を一〇分に一回は褒める感じで会話を進めていきます」

ある時、妻からDVで訴えられたヤクザ風の男性がすごい剣幕でやってきました。

「みんな、俺には頭下げよるヮ」

どなり散らし、すごんでいます。ところがAさんは平然と、

「そうでしょうなあ。いい声してはりますねェ。元気あって顔色よろしィなァ。あんた、元気いいけど赤ん坊の時かわいかったんやろなァ」

この応答で、男性も思わずニコッ。

「説得より納得を目指します。しゃべらせるだけしゃべらせといて最後こちらでオチをつける。ある意味、落語の人情噺《ばなし》の世界ですかね」

Aさんの調停委員としてのワザの冴《さ》えが、ここに表れています。

ユーモアと笑いのセンスの大切さ

調停委員には、意外にも、「ユーモアと笑い」が求められるということです。ユーモアとウィットをタイミングよく駆使し、信頼関係を構築するのがAさん流です。

調停委員は通常、二人一組で調停に臨みますが、もう一人の調停委員との息の合った二人三脚も大事です。「言ってみれば漫才のボケ・ツッコミの関係ですね」とAさんは笑います。

調停の場に、反論を言うために来る人もいますので、「売りことばに買いことば」は禁物です。いい薬でも水がない状態では効きませんから、相手の息遣い、呼吸、ゼスチャー、間《ま》をよ

く観察して、相手の魂に触れることばや、ちょっとした息抜きのことばなどをかけていきます。

「ユーモアは、一つの事象をおもしろくなごやかに表現することだととらえています」

とAさんは語ります。とかく修羅場になりがちな調停という場面だからこそ、ユーモアの精神は、事態を打開する特効薬にもなるのでしょう。

もちろん、調停におけるユーモアには、両刃の剣という面もあります。ひとつ間違うと当事者を怒らせることも予想され、慎重な使い分けが必要になります。

「交通死亡事故、医療過誤の損害賠償請求事件や、離婚調停での親権者の指定、養育費や子供との面接交渉、子の引き渡しなどは、笑いやユーモア自体が不謹慎ですから、避けるべきなのはもちろんです」

また、遺産分割調停は骨肉の争いなので、クールにやるのがいいとAさんは言います。

家族全員が有名大学卒という、エリート家庭の遺産相続争いを手掛けたときのこと。いくら調停に努めても、子供のころからの親・兄弟間の確執に話が戻ってしまう。さすがのAさんも苦労したようです。

「骨肉の争いは調停をあきらめ、裁判官が大鉈を振るってサバサバと解決した方が双方にとってよい場合もありますね」

裁判所の調停室内だけが調停委員の仕事場ではありません。交通事故調停や不動産調停などは、事前の現地調査が欠かせません。当事者の言い分が現場の実態と違っていても、調停委員が「現場を見てきた」と話すと、納得する場合も多いということです。

また、廊下や待合室など、調停室外でのちょっとした会話で、成功の糸口を見いだせることもあるとか。

「家庭内で発生している紛争を調停に持ち込むには、相当の覚悟と勇気がいります。このため、調停室内での当事者の話は、どうしても過剰な表現に陥りやすいのです」

そこでAさんは、比較的緊張がほぐれている、調停室外での会話を大切にしてきたというわけです。

アパレル関係の仕事や大学教員を経て、調停委員となったBさんから頂いた資料（『調停時報』二〇一〇年）には、調停委員の詠んだ川柳や短歌が掲載されていました。調停の場のすさまじさと、調停委員の複雑な心情が巧みに表現されています。

「あちらさん」と姉弟互いに呼びあって　遺産分割淡々と進む（173号、65頁）

子と母の行く末祈る調停後（173号、65頁）

離婚成る犬を取り合い又もめる（175号、102頁）

条理とは何か

相手を受け入れることは大切ですが、「当事者への迎合は禁物」だとAさんは主張します。そこに調停委員としてのプロ意識があります。

「調停委員はアマチュアではないんです。主役の座をとられてはいけません。調停室の秩序は調停委員が守らなければいけません。残念ながらそういう自覚を持つ人が少ないのです。遺産分割調停でも専門家は、『勉強したんか！』と調停委員の知識不足をついてきます。『さあ、どないしまひょか？』ではなくて、自分の結論をビシッと出す。それがプロとしての矜持です」

「調停の極意は条理を極めることである」

これは、Aさんが調停委員退任の挨拶で述べたことばです。「調停」において最も大事なことが「条理」ということばに集約されているというのです。条理とは、一般的には「物事の道理」ですが、法律上では、「裁判基準として成文法も慣習法もないときにとりあげられ、社会通念、公序良俗、信義誠実の原則など、社会生活における根本理念」です。一八七五年（明治八）太政官布告第百三号にも「民事ノ裁判ニ成文ノ法律ナキモノハ習慣ニ依リ習慣ナキモノハ条理ヲ推考シテ裁判スヘシ」となっています。

「条理」ということばを最初に唱えたのは、豊後国（大分県）で江戸時代に活躍した儒学者、三浦梅園（一七二三－一七八九年）だといわれます。天地万物は互いに性質の反対のものが一組になっているという考え方で、一面的な見方を排して全体として判断することを説いたものです。Ａさんは言います。

「条理を定義するのは難しいことです。哲学の問題ですね。強いていえば、人間の究極の気持ちを整理できる、調和をとる決め手となるもの、でしょうか。調和をとるのは法律だけではありません。ＴＰＯによっても微妙に異なってくるでしょうし。ドロドロした事案でも、常に条理を頭に置いて、調停にあたってきました」

条理は、法の限界を意味するのかもしれません。しかし、それだからこそ、調停委員の役割は大きいといえるのではないでしょうか。

休廷 裁判員・陪審員になる資格

裁判員制度では裁判員になれない人がいます。たとえば、国会議員、国務大臣、法曹の職にある(あった)人、自衛官、警察職員、弁理士、司法書士、公証人、裁判所職員、法学部の教授や准教授、知事や市町村長などです。

また、裁判員候補者に選ばれても辞退できるケースがあります。七〇歳以上や学生、月の大半にわたり裁判員になることが特に困難な特定の月(例:株主総会の開催月・農産物の出荷時期)がある人、重い疾病や傷害のある人、介護や養育にあたっている人、両親の葬式へ出席しなければならない人などです。

辞退の申し立てについての判断はケース・バイ・ケースです。最高裁判所作成の『裁判員制度ナビゲーション』(二〇一〇年9月改訂版43頁)には寝たきりの夫と二人暮らしのKさんの事例、会社役員のLさんの事例、自宅マンションでネイルアートを一人で営むMさんの事例が紹介されています。

Kさんは夫の要介護状態区分が記載されている介護保険証のコピー、Lさんは海外出張に行くための航空券の領収書のコピーを同封して、それぞれ裁判所から送られてきた質問票と一緒に返送した結果、呼出取消しの通知が送られてきました。Mさんは質問票に「仕事が忙しいから辞退を希望する」とだけ記載して送り返しましたが、辞退は認められませんでした。判断する側もさまざまなケースがあって頭を悩ますところでしょうから、正当な辞退だと裏付ける「根拠」があれば判断しやすい、ということでしょうか。

　ところで、一九二八年から一九四三年にかけて、日本にも陪審員制度がありました。国民の中からくじで選ばれた十二人の陪審員が、放火や殺人事件などの重大な刑事事件の審理に立ち会い、有罪か無罪かを陪審員だけの多数決で判断する、という制度でした。有罪の場合の量刑は裁判官が決めます。陪審員になるには次のような資格が必要でした。

　男性で、三〇歳以上、二年続けて同じ市町村に住み、一定額の国税を納付して、読み書きができること。

　また、国務大臣・裁判官・検察官・現役軍人・在職の警察官・僧侶・医師・学生などは資格がなく、六〇歳以上、在職中の役人や教員、国会議員、会期中の地方議員は辞退が認められました。

　陪審員制度下でも、資格の有無をめぐって判断に迷うケースがあったようです。

　昼間から酒を飲み、仕事をせず、持て余した家族が準禁治産の申請しようという人がいました。準禁治産とは、財産を管理する能力のない心神耗弱や浪費癖のある人を保護するために、家庭裁判所の宣告によって行為能力を制限し、保佐人を立てる制度のことです。このような人について、市町村からの「陪審員の資格はない者なのでは？」との問いに対し、当時の司法省刑事局は「資格がない者とは断定しきれない」と回答しています。

　「病気などで文字の書けない人は、教育の有無にかかわらず資格はないか？」「六か月以上出漁し、帰らない人に資格はないか？」という市町村からの質問には、当時の司法省刑事局はいずれも「資格はない」と回答しています。

「一九三七年に日中戦争で召集された市民は、陪審員資格のない現役軍人にあたるか」という小樽市長の照会には、刑事局は、「定員余剰のため帰郷させた帰休兵は現役だが、予備兵や後備役、補充兵は現役にあたらない」と回答しています。戦時中ならではの問い合わせです。

陪審員裁判の様子について、当時大阪地方裁判所判事であった池内善雄氏は次のように振り返っています。

保険金詐欺の目的の放火事件の陪審長をした人が、（略）評議の内容を話してくれたのである。それによると、「被告人が放火したということについては陪審員の内で満場一致だつたが、『被告人は生活に困つてもうけようとしてたんや、それなのに被告人を懲役にやつたらどうなるんや、可哀想やないか』と誰かが言い出したことから、無罪の答申をしようという意見が強くなつたが、陪審員長であるその人が、『裁判長の論告もあつたのだから』と言つて説得したため有罪の答申をするようになつた」ということであつた。（浦辺衛『わが国における陪審裁判の研究』一九六八年、33－39頁）

陪審員の評議において、選ばれた市民が、方言も交えた自分のことばで自由闊達に議論を闘わせていたことが目に浮かぶ証言です。

二〇〇九年に始まった裁判員裁判では、この陪審員制度と違い、裁判員には量刑を決める権限が与えられています。そのような違いはあるものの、戦前の陪審員制度からは今日でも参考にできることがありそうです。

5 どんな人にも同じ目線で語りたい
——ある教誨師との対話

「おまえも死ぬぞ」

「那須恵齊《けいさい》というお坊さんのことが、いまでも忘れられません。那須さんは、絵ハガキ大の名刺を持っていて、その名前の横に『おまえも死ぬぞ』と大きく書いてありました。教誨のときはいつも枕にこの話をするのです」

いきなり「死ぬぞ」とはどぎついようですが、教誨師《きょうかいし》の田中明宏さんは、「人生無常」のテーマから話し始めます。

その反応はみごとに三パターンに分かれます。一つは「関係あるか！」とそっぽ向く人。二つめは「なるほど」と共感する人。三つめは「縁起でもないこと言うな！」と怒る人。

「二例目の人はほとんどいません。皆無といっていい。三例目の人は、そういう考えに合っていないというだけで、実は感化されやすいのです。いちばんやりにくく感じるのが、一例めの、無関係だと言う人ですね。無宗教の人、宗教に関心のない人とどう接するかが、いちばん難しいのです」

さて、この「教誨師」とは、聞き慣れないことばかもしれません。矯正施設の被収容者の希望に応じて行う「矯正施設の中での宗教活動」を「宗教教誨」と呼び、宗教教誨をする宗教家を「教誨師」と呼んでいます。

田中さんはインタビューした二〇一一年には、全国教誨師連盟の理事で、浄土真宗本願寺派広島別院・安芸教区教務所長でした。

教誨師の現状

日本国憲法第二〇条では信教の自由が何人に対しても保障されています。その権利は刑務所や拘置所、少年院等に収容されている人たちにも認められています。ただ、そういった施設の職員が、収容されている人たちの宗教的ニーズに対応することは、法律上の制約があってできません。そこで、民間篤志宗教家の協力が必要になってきます。

被収容者の中で信仰心を持つ人、持とうとする人に対して、信仰の自由を保障しながら精神的な安定を与え、改善更生と社会復帰に貢献する宗教家、それが教誨師です。宗教教誨には、同じ宗教宗派の宗教教誨を希望する者を集めて行う「集合教誨」と、個別に行う「個人教誨」とがあります。

一八七二年（明治五）七月に真宗大谷派（東本願寺）の僧侶、鵜飼啓潭《けいたん》が名古屋監獄で教誨を許可されたのが、宗教教誨の始まりとされています。翌一八七三年に、浄土真宗本願寺派（西本願寺）の僧侶、舟橋了要が岐阜監獄で教誨を許可されました。日本の教誨は浄土真宗の僧侶によって始まりました。

日本で活動する教誨師の数は約一八〇〇名で、仏教系が65・5％、キリスト教系が13・9％、神道系が11・9％となっています（二〇二三年現在、全国教誨師連盟による）。

ある刑事事件がマスコミに報道されるのは、一般に、判決までです。判決が下されてから先のこと、つまり、服役している人々が何を考え、どのように社会復帰に向けて歩んでいるかは、一般の人々にはほとんど知られていません。その、「判決の先」の世界で、宗教的なことばを介して関わるのが教誨師です。

教誨師のことばの使い分け

最初のころは敬語を使って「できるだけきれいに話そう」と、標準語に近い言葉を使っていました。ところが、「これはちょっと違うな」と感じてきました。

たとえば受刑者に、「あなた方のお父様、お母様も同じ教えの中に生きた方ですね」と言っても、「お父様、お母様」ではピンと来ない。反応が少ない。それを、「皆さんのおやじさんもおふくろさんも、おんなじ教えに生きとるんやないですか」という言葉で喋ることによって、「おやじか…そうやな」と感じ取ってもらえる訳です。

ですから、丁寧な標準語を使うことも大切ですが、もっと相手の心に接近できる言葉遣いがあるんだな、と気づきました。


これは、『矯正の窓』(二〇〇五年春号、9－10頁)という雑誌に書かれた、田中さんのエッセイの一節です。田中さんはこのように、ことばを丁寧かつ繊細に使い分けることに心をくだきながら、教誨にあたっています。

田中さんは、福井県の浄土真宗本願寺派の寺に生まれました。他の職業を経験した後、一九七九年(昭和五四)、西本願寺に採用されます。

最初に配属されたのが、参拝部の「前受け」。全国からお参りに来る信者の相手をしたり、国宝の見学案内をしたりする窓口でした。

二年間、カウンター越しに、いろいろな地域からやってくる人々、さまざまな方言、さまざまなことば遣いを持つ人々の相手をするうちに、あることに気が付きます。

「本願寺の共通語だと思っていたことばでも、実は、地域によってちがいがある！」

たとえば、仏門への帰依を誓う「おかみそり」（帰敬式《ききょうしき》）という儀式があります。これが、地域によっては、「髪削《かみそり》」となったり、「おこぞり」となったり、「剃刀《ていとう》」になったりします。「髪そり当ててください」と言ってくる人もいました。北陸地方の人々は「永代経《えいたいきょう》」を、「祠堂《しどう》経」と呼んでいました。

「前受け」を担当するうちに、信者の人がどこから来られたのか、わかるようになったのです。

一人一人に対することば

京都の本山で二十数年勤務した後、大阪（北御堂）で三年、再度、京都本山勤務五年を経て、二〇〇八年から広島に赴任。教誨師としての仕事は、大阪時代より始まります。

教務所長として、堺市にある大阪刑務所に月一回、集合教誨に行きました。京都では本山伝道社会部に在籍した二年半、山科区にある京都刑務所に通いました。インタビューした二〇一一年には、広島刑務所を訪問していました。

集合教誨は十数名を相手に一時間ほど行い、被害者や肉親の命日であれば焼香などの宗教的行為をします。

京都では、「入所時教誨」を担当しました。これは、入所時に全員が受ける教誨で、宗派を超えて一宗一派に偏らない内容の話をします。


「皆さん方がこの刑務所に今入ってこられ、その中で起床から、食事の時間や睡眠など、あらゆる面が拘束される生活となっています。しかし、ただひとつだけ拘束されないものがあります。それはいわゆる『心の部分』です。心の中は誰であっても、拘束できないものですね。そこで宗教教誨を通じて、その心の部分を皆さん自身がお考えになってはどうですか」（同書9頁）

この「心の自由」を説くときに、田中さんが大切にしているのが、ことばです。集合教誨と違い、一対一で行う個人教誨では、一人一人に寄り添い、一人一人にふさわしいことば遣いを選択するように心がけています。

京都で福岡県や富山県出身の人を相手にしたとき、相手のことばから故郷を当てることができ、会話が盛り上がったことがありました。自分のお国ことばを話題にできたことで、相手も語りやすくなったのでしょう。受刑者との距離が縮まったと感じました。

それ以来、個人教誨の際は、あらかじめ出身地を聞き、その地域の方言がわかるときには、できるだけ方言を使って会話するようにしているのです。

地域のことばへの思いを、田中さんはこう語ります。

「大阪では大阪弁、広島では広島弁、郷に入れば郷に従って、その土地のことばを聴きたいんですよね。被収容者であろうが誰であろうが、その人の日常会話に入っていきたいんです。本来人間の関係は、シーソーみたいにどっちが上でどっちが下とかないわけで、どんな人にも同じ目線で語りたいと思っています」

だからこそ、相手のことばに寄り添い、なるべく相手のことば遣いに合わせた話しかたをすることを大事にしてきたのでしょう。

「『安芸教区教務所長』という肩書がありますが、佛《ほとけ》を前にしたらそれを取っ払いたい。肩書のない自分でありたいと思うんです」

目に見えないものを、ことばを通して

教誨師の眼には、今の社会や人間はどう映るのでしょう。

「最近、『～してあげる』『～してさしあげます』ということばがよく使われますが、決してきれいなことばとは思いません。『ありがとう』や『おかげさま』ということばも、単に表面的に使っていても意味がありません。佛と向き合って自分が見えてくることで、初めて生きたことばになってくると思います」

田中さんにとって、上滑りなことば、中身をともなわない敬語やお世辞などは、「佛と向き合っていない」ように感じることばなのでしょう。罪を犯し刑を受ける孤独な人々と、いかに「ことばを合わせるか」。それを長い間模索してきた田中さんにとって、「ことばを合わせる」ことに、宗教的な意味合いが生じてきていても不思議ではありません。

「今は見えるものしか、わかろうとしない人間、社会になっていますね」

田中さんが例にあげるのは、唱歌の『春が来た』。この歌の一番の歌詞では、「どこに来た」「山に来た」「里に来た」とありますが、春は最初目に見えません。二番の歌詞で「花が咲く」「山に咲く」「里に咲く」とあって、やっと目に見えるようになる。この「春」と「佛」が同じだと言います。

「佛様は、木像と絵像と『南無阿弥陀仏』という文字、つまり名号《みょうごう》で表されますが、名号より絵、絵より木像のほうが、一般の人々は礼拝しやすい。なぜなら目に見えるからです」
ところが、名号より絵、絵より仏像のほうを崇拝するようになっては、本末転倒になってしまいます。

「人を救う仮の手段を『方便』と言いますが、仏像も方便です。仏像自体ではなく、その仮の形の向こう側の対象物が大切なのです。『命』だって、命を見せてくださいと言われて、心臓や脳みそを見せて、これが命です、と言えませんよね。見えるものしか見えない、見えるものしかわからない社会や人間になっているから、命への思いが軽くなってしまった、と思いますね」

おそらく、田中さんにとってことばも「方便」。受刑者たちと「ことばを合わせる」ことを心がけながら、そのことばの向こう側の「人間」を、その「佛」を、見極めようとされているにちがいありません。

「裁判のことば」からはやや離れた、「判決の先」の話題をご紹介したのは、ここに「裁判のことば」がもっとも大切するべき、ことばの本質があると考えたからです。

休廷

死刑と短歌

二〇〇七年に着任した鳩山邦夫法務大臣は、約一年間の在任中に計十三人の死刑を執行して、話題を呼びました。死刑制度の是非については、今も議論が続いています。

二〇一〇年八月二七日には、画期的な出来事がありました。法務省が死刑執行の現場として、東京拘置所内の刑場を報道機関に公開したのです。

ただし、「刑場は死者の魂がいる厳粛な場所」ということで、刑場内での質問は一切受けつけられませんでした。当時の千葉景子法務大臣が、自ら立ち会って二名の死刑を執行した後、裁判員制度で死刑が求刑される事件が審理される前に国民的議論の契機になるようにと打ち出し、実現したことです。

死刑の「執行室」は、木目調の壁に囲まれた部屋です。床には藤色のじゅうたんが敷かれ、真ん中に死刑囚が立つ約一・一メートル四方の踏み板があります。その周囲には赤いテープが正方形に張られています。

直径三センチの太いロープが、天井の滑車にかけられています。死刑囚は足をゴムバンドで縛られて踏み板に立ち、ロープを首にかけられて執行を待つことになります。刑場入り口には、清めの塩が置かれ、香の匂いがただよいます。

執行のボタンを押す部屋は執行室の奥にあるボタン室です。三人の刑務官が「1番」「2番」「3番」と書かれたボタンの前に立ち、幹部職員の指示に従い、いっせいにスイッチを押します。三つのボタンのうちのどれかが、踏み板を開くスイッチになっているのです。いっせいに押すのは、どのボタンで作動したかわからないようにするためです。

「手が震えるほどの緊張感の中、執行されるのは許されない罪を犯した者だ、社会正義のためにやらないと、と自分に言い聞かせている」

これは、現場の職員の声です。

日本では、歴史上、死刑の廃止されていた期間がありました。聖武天皇が詔《みことのり》を出して、死罪は流罪に、流罪は労役刑に減じたのです。

聖武天皇の死後、制度として死刑は復活しましたが、八一八年（弘仁九）、嵯峨天皇が宣旨を出して律を改正し、死刑に相当する犯罪者で官位のある者は遠流に、ない者は禁獄とし、死刑が実質的に廃止されました。

嵯峨天皇の時代、八一〇年（弘仁元）に薬子の変で藤原仲成が射殺されてから、後白河天皇在位の一一五六年（保元元）に源為義らが死刑に処されるまで、二六代、三四六年間、死刑のない時代が続きました。

長期にわたって死刑がおこなわれなかった理由として、仏教思想の浸透、死刑の代替刑としての流刑の効果、唐の死刑廃止の影響、刑罰制度の運用の未整備などが考えられています。

＊

死刑の歴史の話題になりましたが、ここで、筆者がことばの授業として取り上げている、死刑に関する話題を紹介しましょう。死刑囚の歌人についてです。

歌人の名を「島秋人《しまあきと》」といいます。本名は中村覚《さとる》。一九三四年に北朝鮮に生まれ、満州で過ごした後、戦後に両親とともに新潟に引き揚げてきました。警察官であった父は公職追放にあい失職、母も結核で死亡、本人も病弱で成績もふるわず、貧しさや飢えから非行や犯罪に手を染め、少年院や刑務所を経験していました。

一九五九年、飢えに耐えかねた島は、農家に押し入り、金品を奪い、居直り強盗と化して主婦を殺害、一九六〇年に一審の新潟地裁長岡支部で死刑判決を受けます。

成績が悪かった島にも、中学校時代に一度だけ教師に褒められた思い出がありました。「絵はへたくそだけど構図がよい」という美術教師、吉田好道のことばでした。

褒めてくれたその吉田に拘置所から手紙を書いたところ、返事とともに、その妻、絢子から短歌が贈られてきたのです。それを契機に目覚めた島は、一九六一年から歌の創作を始めます。

「島秋人」のペンネームは、絢子らがつけてくれました。「故郷の町」である「島町」、近くの「秋葉神社」からとったものです。「人」は「正しい人に帰る」意味を持つと島自身は解釈していました。「当囚人《とうしゅうじん》」とも読めると述懐しています。

「毎日歌壇」の窪田空穂選に投稿し始め、死刑執行までの七年間獄中で詠み続けました。二二四首が入選、うち八〇首が特選となり、一九六三年に毎日歌壇賞を受賞しています。しかし、島と空穂は生涯逢うことはありませんでした。短歌や手紙を通じての交流でした。

ほめられしひとつのことのうれしかり
いのち愛《いと》しむ夜のおもひに

歌で認められるようになった島の気持ちを表現しています。島は償いとして献体を考えるようになり、信仰上姉と慕っていたクリスチャンの千葉てる子に養母となってもらうことで、その思いを叶えることができます。と同時に、「母」という家族を得ることで、幼い子を持つ母を殺した自らの罪の重さを悟るのです。

角膜の献納せむと乞ひて得し
養母《はは》なり養母は優しさに豊む

一九六七年一〇月一六日、当時の法務大臣・田中伊三次は二三名の死刑執行を発表します。その中の一人に島の名前もありました。執行前日、島は次の歌を詠みます。

七年の毎日歌壇の投稿も
最期となりて礼《あや》ふかく詠む

この澄めるこころ在《あ》るとは識《し》らず来て
刑死の明日に迫る夜温《ぬく》し

島はこの日、肉親やごく親しい人々との「お別れ会」で、いちばん好きだった讃美歌312「いつくしみ深き」を皆で歌い、泣いて別れます。そして、歌の指導をしてくれた人々や被害者の家族に手紙をしたため、十一月二日の朝、東京拘置所（当時は小菅刑務所）にて、三三年の生涯を閉じたのでした。

6 死体とは言いません、ご遺体と言います
——法医学者の誇り

日本一の解剖数

法医学者・巽信二《たつみしんじ》近畿大学教授のもとには、連日のように警察・検察庁・児童相談所などから依頼が持ち込まれます。病死なのか事故なのか事件なのか。事件として起訴できるのか。有罪にできるのか。法廷に持ち込まれる前に法医学者の判断を仰ぎにくるのです。

法医学者が相手にする亡骸《なきがら》は、ことばを語りません。なんらかの事情があってこの世を去り、ことばを発することのできない無念さ…。亡骸に代わってその思いをかみしめながら、亡くなったその時の様相を言語化するのが、法医学者の役割でもあります。

巽さんが法医学者として関わった検案解剖数は一万四八〇〇体以上（二〇一二年現在）。現役日本一の解剖数を誇ります。「検案」とは、医師の診察を受けずに死亡した人の体について、事実確認をすることです。

死亡例だけが仕事ではありません。二〇一〇年に扱った虐待件数は五〇余件でした。虐待を

受けて負傷した子どもやお年寄りを診察することもあります。

「虐待されて来る子どもは親に遠慮してなかなか本当のことを言いません。虐待されたお年寄りも、『自分さえ辛抱すれば』と思うのでしょう、話しません ね。ほっとしてもらえるようことばをかけますし、神経を研ぎ澄まして診ます」


法医学者は名探偵!


法医学者には、知識や経験はもちろん、観察力、直感力、想像力が大切だといいます。

ある夏の朝こと。若い男性から通報がありました。

「兄貴分の人が、猫と戯れている間に池に落ちた。助けようとしたが沈んでしまった」

警察からは、「死因不詳の水死体」というだけの情報しかありません。溺死にしては少し顔面が鬱血しているというのが、遺体を見た時の第一印象でした。背中には太い、まっすぐではなく少し曲がった皮膚変色、頸部に幅広い蒼白化がみられましたが、これは検視官も警察署員も把握していませんでした。おかしいと直感した巽さん。すかさず署員に質問します。

「池の周りに円筒鉄パイプで作られた、高さ一メートルくらいの柵があるか?」

驚いたのは警察署員です。

「あ、ありますが…。先生、行かれたことがあるんですか？」

「いや、行ったことはないがね。現場の写真を見せてくれないか」

写真を見た巽さんは、こう断言しました。

「背中を池の柵の円筒鉄パイプで押され、腕で頸部を絞められ、そして、池に落とされた。人の体はまっすぐの鉄パイプ柵で背中を押さえつけられると、少し曲がりがつく。これは単なる落水事故ではなく、殺人だ」

その確信は後に通報者の供述で証明されることになりました。以前から使い走りをさせられて気分が悪く、犯行当日も無理難題を言われ、馬鹿呼ばわりされて、被害者が池の鉄パイプ柵に背中をもたせかけた時を見計らって、ついに犯行に及んだのです。

まるでホームズばりの名探偵ぶりですね。

運命の出会いと法医学者への道

動物好きだった巽さん。いったんは獣医学部に入学しますが、医師の道を歩む兄へのライバル意識から退学し、再受験して医学部に入学します。医者としてその後どんな進路が開けているのかは、知るよしもありませんでした。

大学二年の終わりに、大学で進級判定の不正が発覚しました。事件は、不正な扱いを受けた学生とその親が大学側と対峙する、世にも珍しい親子での団体交渉へと発展します。当時、学生代表だった巽氏は、中立の立場で交渉の場に同席することになりました。

交渉は十二時間以上にも及びました。そこで巽氏は運命的な出会いをします。当時の教務責任者であった、吉村昌雄教授です。初代法医学教室教授にあたるかたでしたから、法医学との出会いでもありました。

この出来事を契機に、廊下ですれ違う際に必ず吉村教授から声をかけられるようになり、法医学への道が開けていくことになりました。そして四年生で法医学の授業を受けることになります。

授業は、巽さんのことばでいえば、毎回、「ゲッ！」と声を上げそうになる、おぞましい場面の連続でした。

本来、医者は生きている人間を病や死から救うことが仕事です。ですから、死んだ人を相手にする法医学を、わざわざ志望する医学生は、昔も今も多くありません。しかし巽氏は、内科、外科、小児科、産婦人科など、すべての講義や実習を通じて、「死」から人間を見ることに興味を持ち、吉村教授の後進になることを決意します。

法医学の魅力

「一般の人に『法医学者です』と名乗ると、必ず二通りの反応に分かれます。一つは『何それ?』という反応。二つめは『エーッ、死体の解剖してはるんですか!』という反応です。同業者からは『死体見てるだけやろ』と馬鹿にされることもあります」

法医学者は医者の中で、いわれなき差別や偏見を受け、忌み嫌われる存在なのです。にもかかわらず、巽さんは、法医学には大きな魅力があるとして、二つ挙げました。

「一つは、専門性が高くなればなるほど、川幅が広がることです」

ふつう医学では、専門性が高くなればなるほど幅が狭く深くなり、自分の専門以外は診られなくなります。しかし、法医学では、あらゆる観点から診たうえで、総合的に判断しなければなりません。いろいろな医学領域での一定以上の水準が問われるのです。

常にその時の医療水準に基づいて鑑定を行わなければなりませんので、臨床経験は不可欠です。巽さんの場合、多忙な法医学者として活躍しながらも、二か月に一回は患者さんにじかに接して診察するようにしています。

「二つめは死から生を考えることができる点です。死を見つめ、受けとめ、正確に解釈することを通じて、どうしたら天寿をまっとうでき、志半ばで死なずに済むのかを考えるのです」

いわば逆転の発想です。死体から得た事実より、いかにすれば生をまっとうできるのかを考える。「死」から得たことを「生」にフィードバックするわけです。

「生きた人間を診る医者も死んだ人間を診る医者も、『命を救う』ことを目指すという点では同じなのです。そこに至る方法が違うだけです」

尊敬の念、畏敬の心

「欧米では死体のことを body の代名詞として it と呼んで、he, she は使わないと聞いたことがありますが」と話を向けてみました。

「たしかに国際学会でも it と言ってますねぇ。学術報告の中で it が使われても違和感はありません。けれども、私は解剖にあたって、『死体』とは言いません。『ご遺体』と言います。

『解剖する』とは言いません。『解剖させていただく』と言います。『ご遺体』や『解剖させていただく』という気持ち、つまり畏敬や尊敬の念を大切にしているのです。それがなければ必ず、扱いが粗悪になります。言い換えると、(亡くなられた方のために) 絶対に死因を究明してやる、それが供養になるという思いですね」

だからといって、亡骸に感情移入するのがいいというわけでもありません。一度、巽さんの同級生が「ご遺体」となって目の前に現れたことがあったそうです。そのときばかりは、さすがの巽さんも浮足立ってしまったとか…。

「イチローがよく言う『平常心』を保つことが大事ですね。もちろん敬意を持って」

「『優れた医者は死者とも対話できる』ということばがある一方で、『ご遺体は語らない、語らせるのだ』ということばがあります。持ち込まれるご遺体は、よく似た状態のものもありますが、同じものはありません。一体一体違います。

そう思っていないと、微妙な変化を見逃し、大きな見落としをしてしまいます。

自分の知識と知恵と経験と想像力を持って取り組めば、死亡した時を見ていたかのように理解することができます。それが『死者と対話できる』ということなんでしょうね」

法医学から見た人生と社会

常に死を見つめる法医学者の目から、現代の人間や社会はどのように映るのでしょうか。

「人の寿命は神のみぞ知るやナァ、ということですかね。あと数センチそれていれば、あと数秒違ったら、お亡くなりにならずに済んだのに…というケースに多々遭遇しますから」

だから、巽さん自身、「死ぬまで生きる。精一杯生きる」ことを信念としています。

年間三万人が自殺する時代。自殺した人たちを直に目にしてきた巽さんは、実体験や挫折経験の乏しさから、「自殺スイッチ」に手を伸ばすようになっている、と言います。

「このスイッチは、いろんな艱難辛苦を経験することでおのずと消えてゆくと思うんですよ。経験不足から打たれ弱くなっている人間が、増えているように思いますね」

裁判員制度をどう考えるか

巽さんは裁判員制度にも検察側証人として関わっています。裁判員制度についての考えを尋ねてみました。

「裁判員制度が始まると聞いたときは、素人が判事をするなんてもってのほかだと思い、大反対でした」

制度が始まって、巽さんが証人として出廷した時、裁判員にすばやくはっきりと理解してもらおうと、アニメーションつきのパワーポイントを作成して説明しました。それが大好評。その裁判では、巽さんのわかりやすい説明で犯罪の残虐さが明確となり、求刑よりかなり重い判決が下りました。

「これは従来の裁判ではあり得ないことでしょう。どうしても判例重視になりますから。一般の人々の考え方、一般的な感覚が、判例よりも尊重されるのはいいことだと思います。けれど、死刑の判断を素人である市民がおこなうことには問題があると考えますね。この世からひとりの人間を抹消する。それを素人が正しく判断できるでしょうか」

アメリカなどの陪審員制度のように、市民が有罪無罪を決定しても、量刑までは決めるべきではない、というのが巽さんの考えです。

父のことば

巽さんは医者の家系に育ったわけではありません。亡くなったお父さんは不動産業を営んでいました。お父さんが医者になる巽さんに語ったことばが今も忘れらないそうです。

「父は私に『稼ぐ医者になるな。人々の役に立つ仕事をせぇ』と言いました。学歴や職業より、社会に出てどんなことをするかがいちばん大事です。私は法医学の仕事が大好きです。あくなき探究心を持ってやれば報われることの多い仕事です」

過酷な仕事をこのように肯定する巽さん。最近は、教育が大事だと考え、法医学の魅力を医者の卵たちに伝えることにも力を注いでいます。嬉しいことに、中には法医学の道を志す学生も出てきているそうです。

「現在、法医学は実習の必修科目ではありませんが、いずれ必修科目となるようにすることが私の夢です」

医学の世界はもちろん、広く社会において法医学のことを知ってもらうために、巽さんは今日も現場で格闘し続けています。

7 話し言葉は、はかないものです
——速記官の果たす大きな役割

ピアニスト兼同時通訳者?

傍聴に行って、裁判官の下に黒い法服の人と私服の人が並んでいるのを見たら、法服の人は書記官で、私服の人は速記官だと思っていいでしょう。

速記官とは法廷での証言や供述の一言一句を、機械速記で記録する専門職員です。キーをたたく手元を見ることなく、目の前の証人の表情から微妙なニュアンスや意図をくみとり、前後の話の流れもふまえて記録する。まるでピアニストと同時通訳者を兼ね備えたような、ことばの職人だといえます。

戦後の新しい憲法制定にともない、裁判の手続きも新しくなり、正確で客観的な記録が求められるようになりました。そこで、最高裁は一九五一年に速記の研修生を募集、その三年後、東京・広島・札幌の裁判所に、初の速記官が配置される運びとなり、その後全国に配置されるようになったのです。裁判所法第六〇条の二では、「各裁判所に裁判所速記官を置く」と定めています。

現在、裁判所速記官は養成が停止されていますが、裁判員制度になってその優れた言語技術が再び評価されています。ここでは、裁判所速記官として活躍中のDさんへのインタビューを中心に、速記官の役割とそれを取りまく問題をみていきましょう。

きっかけとやりがい

一定時間内に教科書をどれだけ書き写せるか。小学校の国語の授業中にゲーム感覚で行われた競争で、クラスで一番だったDさん。そんなDさんにぴったりの、裁判所速記官という職業を紹介してくれたのは高校三年次の担任でした。興味本位で受験したところ、みごと合格。二年間の全寮制による「速記漬け」の研修を終え、速記官としての第一歩を踏み出しました。

「裁判官や検察官、弁護士、裁判の当事者のかたがたからお礼を言われるとうれしいです」と語るDさん。「次回の準備のために速記録が早く欲しい」「発音不明瞭で聞き取りにくかったので速記録で確認したい」「専門的で難しい証言内容だったので速記録で確認したい」などなど、寄せられるさまざまなニーズにできるだけに応えられるよう、努力しています。

裁判にかかわる仕事の中でも、目立たない黒子の印象がある速記官。しかし、速記官が裁判で果たしている役割には、じつに大きなものがあります。

たとえば、一九九八年地域の夏祭りで出されたカレーが原因で四名の死者を出した「和歌山毒物カレー事件」。林眞須美被告人に対して一九九九年五月の第一回公判から一年三か月の間に三〇回以上の公判が開かれました。一か月に五回公判があったこともあります。

速記はすさまじい集中力が求められる激務。連続してできる時間にはかぎりがあります。これを可能にしたのは五人の速記官の奮闘でした。一日に四〇分から五〇分ごとに交替。一人が一日に二回転から三回転して速記にあたりました。その結果、驚くべきスピードで、三、四日後には速記録が届けられたと、弁護団の一人、小林つとむさんは振り返っています。

「信楽列車事故訴訟」では鉄道専門用語、「薬害ヤコブ訴訟」では医学専門用語が飛びかいました。みなさんは次のことばを音で聴いて意味をくみとれるでしょうか?


「おのたにのじゅうさんあーるえーえすあーるという、せっきんさじょうりれー」

「りかんりつひ」

「しょうれいたいしょうけんきゅう」


これを速記官はすばやくタイプしていきます。

「小野谷の13RASRという、接近鎖錠リレー」

「罹患率比」

「症例対照研究」

公判中では意味がくみとりにくかった発言も、このように打ち直された速記録が迅速に関係者の手元に届けられることで、意味が鮮明になります。専門用語を正確に迅速に記録する速記官の活躍は、訴訟の進行に大きく寄与しているのです。

音ではなく言葉

Dさんはこれまでに、証人である医師が多忙なために、医師の勤務する病院の霊安室で速記を担当するなど、さまざまな経験を積んできました。

あるとき病気のために発語不能な被告人に対する質問が、法廷で行われたことがありました。「はい」か「いいえ」で答えられるような質問をし、被告人は、うなずいたり首を横に振ったりする動作で肯定・否定を表していました。そのうち首を動かすのではなく、声は出ないものの、唇を動かして「はい」や「いいえ」を伝えるようになりました。

しかし、音になっていない以上、速記録に「はい」などと書くわけにもいきません。そこで、速記録には情景描写として、（「はい」と唇を動かした。）などと記載しました。

発言者の表情や口元を見ながら記録する速記者だからこそできたことです。録音で速記の代わりは務まらないことを示すエピソードですね。

速記官の受難

一九九七年二月二六日、裁判所速記官の新規養成停止が裁判官会議で決定されました。これはまさに、速記官にとっての「二・二六事件」でした。速記官は不要、これ以上養成しない、という決定だったのです。速記官として誇りをもって仕事をしてきたDさんにとって、これは大きな衝撃でした。

その後、定年退職や書記官への転官政策のために速記官は減り続け、一人もいない地裁も増えてきています。一九九六年に八二五名いた速記官は、二〇一〇年四月現在、二四〇名に減少し、速記官が立ち会う裁判を経験したことがない弁護士も現れてきました。一九九八年には「速記官制度を守る会」が設立され、速記官の養成再開を求めて活動が始まりました。

速記官養成停止の理由としては、人材確保のむずかしさと特殊な速記タイプライターの生産中止の可能性が挙げられています。しかし、一九九六年度の速記官の応募者数は九一八名（合格者四五名）もおり、速記タイプを製造するメーカーも、最高裁からの発注があれば製造し続けると述べています。最高裁の決定は根拠のないものだとわかります。

廃止に代わる手立て

速記官の養成停止後の代替措置のひとつが、録音反訳の外部委託です。法廷に立ち会っていない外部業者に、録音テープを再生して文字に起こしをしてもらい、書記官がこれに訂正を加えて調書化する、というやりかたです。

これは問題をはらむ措置です。大阪地裁で四〇年のキャリアを持つ元速記官の石渡照代氏によれば、このやりかたでは正確な調書が作成できず、録音状態のいい一時間のテープでも、八〇か所もの修正をしなければならないといいます。法廷に立ち会っていないために、音としては聞こえても、言葉としてとらえられないのです。速記官なら法廷に立ち会っていますから、聴き取れない箇所はやり直しや確認を求めることが可能です。

速記官養成停止のもうひとつの代替措置として、最高裁は音声認識装置の開発をＩＢＭ（のちＮＥＣ）に委託し、二〇〇八年には億単位のお金をかけて法廷用音声認識システムが完成しました。全国の裁判員裁判対応の一六二法廷に導入されたこのシステム、法廷内のカメラで被告や証人などの様子を撮影し、録音して自動的に文字化するというものです。評議室のパソコンで検索すると、特定の場面を再生することができます。ただこれは、方言などの話しことばに十分対応できているわけではなく、速記録の代わりというよりも検索用として使用されています。

速記官としての「ことば」観

「話しことばは、はかないものです。一瞬で消えていくことばを拾い集め、それを紙の上にきちんとした形で定着させるのが速記官の仕事だと思っています」

Dさんは速記官としての「ことば」観をこのように語ります。老若男女、さまざまな職業の人が証言台に立ち、多様なことばを話します。そのような中で、速記官は、音で聴いただけではわからない難解な専門用語からくだけた若者ことば、そして方言まで、すべてを速記しなければなりません。速記官の仕事は、その一瞬で消えていくことばのはかなさとの闘いだともいえるでしょう。

裁判は一回で決着がつくとは限りません。判決に不服で控訴されると、これまでとは別の裁判官や検察官が控訴審を担当することになります。彼らは一審でのやり取りを速記録によってのみ知ることになります。また、まったく別の事件の裁判で、証拠として速記録が使われることもあります。

そのような使われ方をも想定し、発言者の思いを正確に伝えるため、速記官は奮闘しているのです。

「耳だけでなく、目や脳も使い、〈音〉ではなく〈ことば〉として、発言者の声を一生懸命聴くように努めています」

Dさんの表情からは自身の職業に対する責任感が溢れていました。

一九九二年三月に東京地裁で、電気機器メーカー日立製作所の著しい男女差別是正を求めて行われた裁判があります。日立男女差別裁判です。この原告九人のうちの一人である堀口暁子氏は、裁判の状況を適切に表現する速記録に感動したといいます。

会社側から反対尋問を受けるとき、緊張のあまり声がかすれたり、聞き取れない声になってしまったりすることがあったのだそうです。ところが、速記者がタイプした口頭弁論調書には、(うなづく)と記載されていました。そのおかげで、尋問に答えなかったのではなく、全身で「はい」という態度を示したことを、正しく伝えることができたのでした。

また、あまりにも無慈悲で酷薄な、原告の人格を根底から傷めつけるような会社側の尋問に対して、原告が絶句してしまうこともありました。そういう場合、調書には無記載ではなく、「……」と記されていました。これによって、原告の、言葉にならない悔しさや憤りが、客観的に記録されることになったのです。このような速記者の支えに、堀口さんたちがどれほど慰められたか、はかりしれないものがあると思います。

こういった感慨を起こさせるのは、ひとえに速記官たちが、一瞬で消えていく話しことばの命を愛おしみ、慈しむかのように聴く姿勢を貫いているからにほかならないでしょう。

言語文化としての速記

二〇〇四年三月十八日、第一五九回国会法務委員会で最高裁は次のような答弁をしています。

「きついなまりや方言についてては、裁判官は全国異動で東京出身者が青森に行って津軽弁で話されて裁判官がわかるわけではありません。それを裁判官は標準語に直してもらうことで初めて心証を取るわけですから、そういう意味では方言がどういう意味だったかは、ほとんどの場合それほど重要なことではないわけであります」

この発言に対して前出の石渡氏は次のように反論します。

「これはとんでもない発言です。大事なのはその地方の現場で暮らしている人々が理解できることなんです。方言のニュアンスは標準語には置き換え不能です。事件は現場で起きているんですから、現場から離れた標準語で記録するなんて、由々しき事態です。

音声認識装置は、制作する際のモデルが東京地裁で行われる裁判なんですよ。全国の速記官は、その地方の方言を大切にして文章化することを心がけてきました。ところが、それに取って代わろうという音声認識装置は、ことばをすべて標準語化しようとしているんです」

二〇〇九年五月から裁判員裁判が始まりました。これには録音反訳と音声認識装置で対応している裁判がほとんどです。最高裁は、裁判員裁判は速記録を使わないとしていますが、速記官を立ち会わせるかどうかは、当該裁判所の判断、というのが最高裁の公式見解です。

裁判員裁判で速記官が立ち会っている裁判では、作成される速記録は控訴審のためであって、一審の裁判員裁判で速記録が活用されているわけではありません。しかし、録音反訳の仕上がりの遅さ、音声認識装置の誤認識や検索の遅さには関係者もいらだっているようです。正確かつ迅速で、一覧性に優れた速記録を、裁判員裁判で活用するよう求める声が、刑事事件を扱う弁護士からあがっています。

速記官が培ってきたのは、単なる「スキル」ではなく、優れた「言語文化」です。裁判員裁判が市民に開かれた裁判であるなら、その市民にとってのことばを、ひとつひとつ大事にあつかう速記官の役割は、いっそう大きなものであるはずです。裁判員制度下での速記官の処遇や、速記官養成停止という暴挙は、時代に逆行する動きであり、言語文化の継承の意味においても許すまじきことです。

休廷

裁判所職員・室生犀星

文学者と裁判所といえば、縁遠いように思いますが、「小景異情」や『性に目覚める頃』で有名な室生犀星は、かつて裁判所職員でした。

犀星は、一八八九年に足軽組頭の父と小間使いの間に生まれた不義の子であり、始末に困った父からハツという、寺の住職の内妻がもらい受け、照道と名づけられました。

子供のころは劣等生で、友人もおらず、学校にはなじめなかったようです。

「受持の先生は学課の出来ない私に質問するごとに顔をしかめて叱り、生徒達は時とすると私の頓馬な答へに一どきに笑つたりして、どうにも学校といふものが面白くなく愉しい気持なんかしなかつた。朝起きるとまた学校かといふふうに愚図りながら出て行つた」（『泥雀の歌』20頁）

という具合でしたから、落第して高等小学校に入る前に学校をやめてしまいます。そして落第と同時に金沢区裁判所（簡易裁判所）庶務課配属の給仕として勤めます。一九〇二年（明治三五）、十三歳の春の日に「壱円五十銭」と書かれた辞令をもらいました。いやでたまらなかった裁判所への就職でしたが、そこでの出会いは彼の文学的才能を開花させる一因となったのでした。

会計課在職中、当時の少年向け雑誌『少年世界』に投書して「河邊の早春」という作文が掲載されます。また、地方紙『北国新聞』

の社会欄に「納涼小品文」という欄があり、そこにも投書して掲載され「行文みな佳く描けり」という批評を受けました。

そのころ、尾崎紅葉の『金色夜叉』を読んで初めて小説の面白さにも触れます。十五歳のとき、上司から本屋への返却を頼まれたのが俳句誌『ホトトギス』で、掲載されていた夏目漱石『吾輩は猫である』を読む機会に恵まれます。会計課には平岡美津という文学青年がいて、薄田泣菫の詩集『ゆく春』を読んでいました。貸してくれるよう頼みますが、大切な本であったのか、とうとう見せてくれなかったと振り返っています。

次に異動になった検事局には、川越風骨という監督書記がいました。彼は『北国新聞』俳句欄の常連で、「ホトトギス」にも俳句が掲載される実力者でした。『北国新聞』の記者が廻って来たら俳句を渡してくれ、と頼まれていた犀星は、新聞記者が来ると原稿を忘れることなく手渡し、ついでに自分の作品も渡すようになりました。

そうやって、俳句を二、三〇句ひねっては風骨の机上に置くのが日課になります。風骨は、毎日夕方までに、ていねいに朱を入れて添削してくれました。当時、監督書記は高官でしたから、一般的には、犀星の身分で親しくでききる相手ではないのですが、文学を通じて交流できたのでした。

風骨の後ろ向かいの席には、赤倉勇次郎（錦風）というやはり監督書記がいて、暇さえあれば習字をして俳句を創作していました。犀星は彼にも俳句を見てもらっていました。その配下には廣瀬という日本画の画家もいました。詩吟をやっている廷丁とも仲良くなりました。文学的雰囲気の漂う検事局を、犀星は「他の課とちがつて平和で睦じいところ」（『泥雀の歌』57頁）と述べています。

その後、登記所に異動になった犀星は、風骨と錦風に俳句、廣瀬に山水画、裁判所にいた能筆の人に書をもらって、『敷島文盛會雑誌』という回覧雑誌を作りました。さらに登記掛に葛巻桂花という非常に文章がうまい人がいて、犀星は桂花に文章を見てもらっていました。旅行好きの桂花には、雑誌に紀行文を書いてもらったりします。

十七歳のとき、金沢市街から約八キロ離れた海岸沿いの金石出張所（登記所・現在の金沢地方法務局金沢西出張所）に転任します。出張所の人員は犀星を入れて総勢三名。尼寺の二階に下宿した金石での法務局勤めは、さらに犀星の文学的才能に磨きをかけることになります。代表作『抒情小曲集』も金石で創られました。犀星は毎日、美しい松林や砂丘や桑畑の小道を歩き回りました。

彼は金石での生活を次のように振り返っています。

「そこでは何も彼も詩の世界だつた……尼寺の夕暮ははなはだ淋しいものであつたが、雨戸をしめる間際のそんな淋しさに置去りにされた私は、そのひと時を詩の中に書き込んでゐたのである。……私は実に多くのものを野と松林と砂丘とお寺から貰つた。一生をつうじて私の頭がこんなにうまい工合に育てられたことは、この海岸より外にはなかつた。この拙い文章を書いてゐる私の片方の眼鏡に海が一杯にひろがつてゐるし、もう一つの片方の眼鏡には砂丘やお寺や尼さんや猫や野菜が、一つの美しい村のやうに映つて来てゐる」(『泥雀の歌』78―79頁)。

自作の詩を雑誌『新声』に送ったところ、当時の代表的詩人である児玉花外に認められます。これを機に、詩人への強い思いを持つようになります。

そしてついに、一九〇九年(明治四二)九月に退職、誰にも見送られることなく金沢を去るのでした。翌年上京し、しばらく身を寄せたのは、裁判所の元上司、赤倉錦風宅でした。

文学活動に比して仕事に関する記録は多くありませんが、興味深い記述も残しています。犀星が検事局にいたときのことです。

「私はここで多くの賭博犯、掏摸《すり》、横領罪、殺人犯などの顔を毎日のやうに見、毎日のやうになれて了ひ、しまひに送局される犯罪者にたいして特殊な考へを持たずに、普通の人を見るやうに見なれてゐた。ただ、私はここに来る犯人で色の白い男のゐないことが不思議だつた。みんなどす黒いやうな顔色をしてゐてすぐ怒りつぽい用意を顔の中にしまひ込んでゐる。そんな油断のならないやうな連中が多いやうな氣がした」(『泥雀の歌』56―57頁)。

裁判所職員としての仕事は、文学活動ほどプラスに働くことはなかったかもしれませんが、仕事を通じて社会や人間を見る目が自然に養われたように思います。

裁判所というとお堅い役所というイメージがあるかもしれませんが、犀星の場合、偶然配属された先々で文芸などをたしなむ教養人との多くの出会いがありました。その出会いは文学者、室生犀星を生み出す土壌となったといえるかもしれません。

8 私らの仕事は種まきです
――「家裁の人」

家庭裁判所調査官の仕事

家庭裁判所というと、漫画『家栽の人』（27頁参照）を連想する人も多いかもしれません。岩崎地方裁判所春河支部に勤める、植物を愛する裁判官、桑田義雄が主人公。彼が少年の更生に使命感をいだきながら事件に関わっていく姿を、毎回植物と関連させながら描いています。

ここでは、同じ家庭裁判所でも、桑田義雄のような「裁判官」ではなく、「家庭裁判所調査官」（以下「家裁調査官」と記します）についてご紹介しましょう。

家裁調査官は家庭裁判所の職員名です。少年事件や家事事件（夫婦や親族間での争いごとなど）において、当事者や関係者について調査し、少年が非行に至った背景や家庭内の争いの原因を探るのが仕事です。問題の解決や裁判官の判断に大きな影響を与える、重要な役割を担っています。

少年事件は、身柄を拘束する「身柄事件」と、家庭等へ帰らせて改めて調査のために裁判所へ出頭させる「在宅事件」の、大きく二つに分かれます。
身柄事件の場合、少年は最大八週間、一般的には三、四週間程度、少年鑑別所に収容されます。家裁調査官は、収容された少年や保護者などと面接し、非行の背景や原因を調べたうえで、適切な処遇をするべく裁判官に意見を述べます。裁判官は、その調査結果や少年鑑別所による心身鑑別の結果、そして犯罪の内容などをもとに、少年院送致や保護観察といった処分を決定するわけです。

家裁調査官として二十年以上のキャリアを持ち、少年事件、家事事件のどちらも担当してきたCさんにインタビューし、「家裁の人」としての思いをうかがいました。

「家事事件で扱う案件には、父母間での子どもの親権をめぐる争いがあります。両親もつらいでしょうが、子どもの心も気にかかります。親だけでなく子どもにも会って、心情を把握するようにしています。家事事件では、当事者双方が心から納得することや、劇的な解決はあり得ません。そもそも、当事者が話し合ったり仲介者が努力したりしてもどうにもならなくて、調停に持ち込まれていることが多いからです。成長発達途上にある子どもを対象とするときは、気をつかいますね。対応の仕方によっては将来に大きく影響を与えてしまう可能性があって相当なエネルギーがいります」

〝出会い〟のコーディネーター

Cさんによれば、家裁調査官の役割のひとつは「きっかけづくり」だと言います。

「私らは〝出会い〟のコーディネーターです。少年をどのような大人や環境に出会わせるか、どんな経験をさせるのか。その〝出会い〟が更生のきっかけになることもあるから、大切なんです。もちろん、反発してきた親や教師といった身近な人たちと〝出会い直す〟ことも、その〝出会い〟の中に含まれます」

この〝出会い〟で大切な役割を果たすのが、「補導委託制度」です。これは、少年の最終的な処分を決める前に、民間のボランティア（受託者）に少年を預け、仕事や通学をさせながら、生活指導をしてもらうというものです。この制度を活用するかどうかの判断は、家裁調査官の意見によることが多いのです。

少年を預かる「受託者」は、個人であったり社会施設であったりします。受託者は少年とともに生活し、仕事を教え、一人の人間として、そして社会人としてのありかたを指導するわけです。また、老人ホームや障害者施設などで奉仕活動をさせ、自分を見つめ直す機会を与えたり、農家や飲食店で就労体験を積ませたりすることもあります。

こういった出会いをコーディネートするのが、家裁調査官の重要な役割のひとつなのです。ただ残念なことに、補導委託の受託者を引き受ける人は、減ってきている実情があります。

ことばを合わせること

「ふーん。じゃ、キミ的にはどうなんや?」

「自分的には」を連発する子どもに、真摯にうなずきながら、Cさんはこうあいづちを打ちます。その子の口癖、よく使うことばを観察し、それに合わせて話すように心がけます。その少年にいちばん通じることばを探すのです。

「少年事件では、あくまでも子どもに視点を置きます。子どもの心に入っていくためには、こちらが伝えたいことをわかってもらわなければいけません。子どもの目線で、どうしたらわかってもらえるか、どうわかりやすく伝えるかに注意を払います」

喉もと過ぎれば熱さを忘れる

いつまでもあると思うな　親と金

この二つのことわざは、鑑別所に入ったことを忘れないように、また、金品の窃盗や恐喝を行った少年や親に甘えている少年に、お金や親のありがたみを理解させたい意図から説明すると言います。

しかし、「知っているか？」と尋ねても、知らない子がほとんど。ことわざを知るような機会に乏しかったのか、機会があったとしても、記憶に留めようという意欲がなかったのか…。

そこで、「喉もと…」の意味がわかならい少年には、「熱いうどんを食べて、その時は熱くても、時間が経つと次第に慣れてくるやろ…」と、例を出しながら丁寧に説明します。

あくまでも黒子、それが教師との違い

ここまで話をうかがって、筆者が生業とする教師の仕事と同じだと感じました。「きっかけづくり」「子ども中心に考えること」「ことばを合わせること」、いずれも教師にとって大切なことばかりです。

「教師だったら、自分の教え子と再会を喜び合うこともできますよね。『先生に教わったことが卒業後にこんなふうに役だちました』とか、『先生のことばの意味が今になってようやくわかるようになりました』とか。後々になって自分の仕事の意義を確認したり検証したりできると思うんです。けれど私ら家裁調査官は確認することができないし、検証できないんです。いや、むしろ、確認してはいけないし検証してはいけない。私らは子どものその後を確かめることができないんです。あくまでもどこまでも私らは黒子です。決して表に出てはいけないんですよ…」

「少年事件で関わったケースで一人だけですが、少年のお母さんから毎年年賀状が届くんです。教師ならうれしいことでしょう？　でも、私は、これってどうなのかな、と思うんですよ。裁判所は、ふつうに生活している人々にとっては『遠い存在』、『非日常の場』であるべきなんです。ですから、事が済んだら遠のいていくのがいいんです。少年や保護者にとって、裁判所がいつまでも身近にあってはいけない。

　ましてや、少年がふらっと遊びに行くような感覚で裁判所に立ち寄るようではだめなんです。ひとつ間違ったらまた戻ってきてしまう。日常をしっかり生きていってもらうためにも、裁判所に近寄らせないことが大事です。そういう意味では、教師に比べて報われない仕事なのかもしれません…」

「この仕事を通じて、人間、『進歩』だけではないと思うようになりましたね。年月とともに進歩し、成長していくのが理想でしょうけど、必ずしもそうはいかない。事件の渦中にいる人間って、どこまでも自分中心で、身勝手です。とても進歩どころではない。人間には当然、『光と陰』があるんだと気づかされます。その『陰』の部分を見つめ、人間の哀しみに寄り添うことを仕事としてきました。…ですが、哀しみに寄り添いながら、当事者には納得のいかない結論を下すことも多いので、憎まれ役です（笑）」

「私らの仕事は種まきですね。何年か経ってから、あのとき、調査官はああ言ってはったなあ、ああいう結論を出されたけれども、そういうことやったんやなあ、と思ってもらえたら、本望ですよねえ。それが確かめられないのが残念ですけど、確かめないのが私の家裁調査官としての美学ですから（笑）。そう思ってくれる日のために、種をまくのが自分たちの仕事なのかもしれません」

「家裁の人」なら、種をまいてそのあと咲いた花を観賞することもできるでしょう。しかし、

「家裁の人」は種が芽を出したのか、そのあと花が咲いたのかどうか、わかりません。たとえ咲いてもその花を見ることもできません。それでも、その仕事人としての姿勢は、凛《りん》として美しいものだと思いました。

第2回公判

法とユーモア、法と方言

裁判員制度PRのキャッチコピー（159頁）

9 こん野郎、もういっぺんぬかしちみよ！

——豊前「方言権」裁判

裁判官に対して方言で

釜　井「こん野郎、もういっぺんぬかしちみよ！」

裁判長「原告に注意します。そんな荒い言葉はつつしむように」

釜　井「ヤッ裁判長、そらァあんたが誤解じゃが。わしどう豊前ではですね、〈こん野郎、もういっぺんぬかしちみよ！〉ちゅうのんはですね、市長とか署長とか身分ある人に向かっちいう、尊敬語じゃら。標準語でいいますとですね〈こなた様のおっしゃいましたことがよく分かりませんので、もう一度お聞かせ下さい〉ちゅうこつです。敬意をこめてですね、もう一回いいます。こん野郎、もういっぺんぬかしちみよ！」

（傍聴席爆笑）

裁判長「原告に再び注意します。あなたは標準語で充分にしゃべれる教養人とみえます。方言での発言は、理解を混乱させますから、標準語でしゃべって下さい」

釜　井「裁判長、そげなんこついうたら、ふとおな問題どお。あんた〈いのちき〉ちゅう豊前の方言を知っちょるか？」

裁判長「いのちき？」

釜　井「知らんじゃろうが。くらしちゅうこっちゃ。生活ちゅうこっちゃ。銭を稼いでなりわいを立てるちゅうこっちゃ。生活苦をひきずったおもてえ言葉じゃ。そげなん方言も理解出来んもんに、こん裁判を起こしたわしどうん心は分からんはずじゃ。わしゃ、どげえしてんが、この裁判は方言でしゃべらしちもらいます」

（傍聴席拍手）

（『松下竜一　その仕事13』、177－178頁、一部改）

裁判に生活感を

これは、実際に一九七四年の裁判で行われたやりとりです。その裁判は「豊前環境権裁判」と称されています。今でこそ環境に配慮する意識はあたりまえになっていますが、当時としては極めてめずらしい、環境権を争った裁判でした。

九州電力が福岡県豊前市明神海岸に火力発電所を建設する計画を立てたのに反対して、隣接する大分県中津市在住の作家、松下竜一氏（一九三七－二〇〇四）を代表とする「豊前火力絶対阻止・環境権訴訟をすすめる会」が、一九七三年八月に九州電力を相手取って建設差し止め請求訴訟を起こしました。これが豊前環境権裁判です。原告は七名の市民でした。

最終的に、原告に利害関係があるとは認められず、一九八五年十二月に最高裁判所によって上告を棄却されるまで、十二年にわたって行われた長い裁判でした。

松下氏といえば、故緒形拳主演でもドラマ化された『豆腐屋の四季』でデビューした歌人でもあります。多くの住民運動に関わった人でもありました。

この裁判で注目すべきなのは、市民の生活感覚だけを頼りに、弁護士も立てずに闘ったことです。訴状も自分たちで書きました。住民としての生活感覚に根ざした手作りの裁判運動だったのです。この裁判では、意表を突いた法廷戦術が駆使され、その戦術は、大分県のユーモリストの名にちなんで「吉四六戦法」とも呼ばれました。

基本方針

原告七人の中に法律の専門家は誰もいませんでした。その点を危惧した原告団が取った基本戦略は、「法廷という密室からできうる限り開放し、その内容を逐一世間に公開することで、世論の注目にさらし続ける」（『松下竜一未刊行著作集4』386頁）戦略でした。そのために戦術として取った方法は、次の四点です。

①毎回傍聴席を埋め尽くす。
②専門的証言もわかりやすくする。
③録音する。
④即座にテープ起こしをして機関紙『草の根通信』に掲載する。

そして①の傍聴者のために、最も大きな法廷を要求しました。傍聴席で眠くなるのは専門家同士が法律用語で渡り合うからだとして、②のわかりやすい証言に心を割きました。たとえば、スライド映写を証言に採り入れたりしました。

③の録音は、本来、裁判当事者でも録音は禁止されているのですが、全員が素人原告団であることを強調し、内部での学習に限定するという条件付きで認めさせました。録音が可能となったことで、『草の根通信』という機関誌を発行し、裁判内容を全国に迅速に公開することができました。これによって、支援者たちは毎回の法廷の内容を知ることができたのです。

また、「市民二〇〇人証言」を構想したことも特筆すべきことです。

環境権とは「良き環境を享受し、かつこれを支配しうる権利である。それは人間が健康な生活を維持し、快適な生活を求めるための権利」（松下竜一未刊行著作集４』281頁）です。しかし、環境権を主張するためには漁業権を持っている必要がありました。原告の中には誰も漁師はいません。

そこで原告団が考えたのが、明神海岸に対して思い入れをもっている市民たちに、自分と明神海岸のかかわりや、海に寄せる思いを語ってもらおうということでした。「海は漁業者だけのものではなくみんなのもの」という発想です。これが「市民二〇〇人証言」構想です。最終的には二〇〇人の証言は実現できませんでしたが、市民一〇名が、原告側証人としてそれぞれ自分自身と着工予定地の明神海岸とのかかわりを話しました。その証言内容は機関紙の「法廷塾」というコーナーで随時紹介されたのでした。

野次も方言で

原告のひとりだった梶原得三郎さんに、当時の裁判の様子を尋ねました。

原告七名に応援団がいつもついとったんやけど、会議でも裁判官の心証は悪くしないようにしようと言い合っとったよ。ライブ感覚？　そうですね、そういうライブ感覚が裁判をやっててありました。

自分のことばで語るというのは快感ですよ。『草の根通信』のコーナーに「法廷塾」と名づけたのは法を勉強しようという意図と、裁判を我々の手に取り戻そうという意図がありました。『草の根通信』の法廷での記述は逐語訳ではなくて松下さんの要約です。裁判はいかめしい言葉遣いのイメージがあるので、法を我々の手に取り戻すために、自分たちのペースで、自分たちの感覚で取り組みました。

傍聴席からは野次なんかで方言が飛んでいましたね。たとえば「とぼくんなー」とか「だまっちょって済むと思うちょるんかー」とか。

『草の根通信』には、梶原さんのコメントを裏付ける記録が残っています。以下は証人のひとりである林ひろみさんの証言の一部です。

ほっで、「どこであんのんで」ちゅうて聞くき、「南小倉であんのんじゃら」（ち教えたら）「ワシ達でん入るっかなあー」（ち言うき）「うん、そりゃあ誰でん傍聴券があるき入らるるよう」ち言うたら、（第十回公判。『草の根通信』49号、一九七七年、8頁）

【翻訳】 それで、「（その裁判は）どこで行われるの」といって聞くので、「南小倉（の裁判所で）行われるんですよ」（と教えたら）「私たちでも（法廷に）入れるかなあ」（というから）「うん、それは誰でも、傍聴券が配られるから入れますよお」と言ったら…

意識して方言で

この裁判のあり方自体が原告側の生活感を反映したものになっていたので、法廷にも日常のことばが持ち込まれたのは自然なことだったのでしょう。

原告の中でもっとも意識的に方言で裁判に臨んだのは、冒頭にも紹介した証人、前・豊前市市長の釜井健介さんです。

釜井さんは一九四三年豊前市生まれ。東京で大学・社会人生活を送り、途中半年間の大阪での社会人生活のあと、一九六七年に豊前に帰郷しました。繊維関係の自営業を営むかたわら、二八歳で環境権裁判に関わります。社会党市議を二一年間務めたあと、前市長の汚職事件による失職を受けて市長選に立候補し、五三歳で当選を果たし、四期にわたって市長を務めました。

釜井さんは法廷で標準語と九州・豊前方言を駆使しました。たとえば方言を取り入れた証言は次のようなものです

まず最初、わしがいいてえのんは、ふるさとを守るもんが豊前火力の反対運動をしよる

ちゅうことです。ふるさとを守らんもんが賛成運動をしよるちゅうことです。この点のこつを、よー理解しておいてほしいと思います。しかしながら、地元において九電に反対するちゅうことは、日本でいえば神聖化されタブー化されております天皇陛下に反対すると同じように、非常にむずかしいもんであります。私のかあちゃんがいいよったですけど、安保反対とか他のことはしてもええ、しかし九電の反対運動だけは、しちくるんなちゅうことです。…（中略）…豊前ちゅうとこは、そして八屋ちゅうとこは、どげなとこじゃろうかちゅう事を本当に知っちょるかという事です…。（第二回公判。『草の根通信』17号、一九七四年、2－3頁）

「裁判長。わしゃあ前回に続いち、豊前の方言でしゃべらしちもらいます。そこで裁判長、わしら今日ん裁判なでけんのじゃねえかち思うちょったんじゃら。なしかちゅうたら、この日九州電力は強行着工するちゅう噂が流れちょったからです。…いったい九電はどげえするつもりなんか。埋立てた海を元ん通りに戻しきんのか、それをこの場で答えちもらいてえ。」

（『松下竜一　その仕事13』176－177頁）

市民のことばで証言する

釜井さんにもインタビューをして裁判の模様について聴きました。「こん野郎、もういっぺんぬかしちみよ！」の公判は、意図的に方言を使ったということでした。

三回目の公判ではわざと意識してローカルなことばを使いました。裁判官に対するパフォーマンスですね。国家権力を持つ裁判官に対抗しようという気持ちで、あえて方言を使ったのです。その効果はあったと思っています。

「いのちき」ということばは、裁判官にけんかを売るつもりで使いました。裁判官に地元のことを知っているのか、と言いたかったのです。

原告団の間で方言を使おうと打ち合わせたわけではありません。すべて自分の判断です。市民の関わりが大事な裁判だったから市民の証言が必要だったわけだし、市民として証言する以上、市民のことばで話すことが重要になってくる。中心人物が標準語を使っては迫力がない。原告のうち豊前市民で豊前に実際に住んでいるのは私だけでした。地元のことばを使う人間は私以外いなかったんです。

意図して使う方言には、「自分は豊前の人間である」という強烈なメッセージが込められています。豊前の方言を使うことによって「豊前人」であるというアイデンティティを主張しているといえるでしょう。法廷ではこのように方言が使われることがあります。方言の「アイデンティティ機能」といってよいでしょう。

一九七九年八月三一日、福岡地裁小倉支部の玄関に掲げられた垂れ幕には「アハハハ……敗けた敗けた」という文字がありました。この文句には法曹関係者やマスコミから非難が浴びせられましたが、松下氏を始めとした原告団には「道化の裁判」をやりきった思いがあったのでしょう。それが垂れ幕のことばに集約されていたのです。

それが「道化」であるのは、松下さんのことばを使えば、「しろうと市民が『裁判とはかくあってほしい』というやり方をそのまま法廷に持ち込み、それが実際には丸で通用しなかったというちぐはぐな光景において」であり、「最初から敗けを承知の楽天性から」でもありました。

現在にも色褪せぬ主張

我々の主張は豊前平野の日常生活用語を用いることによってなされると思います。そして我々は、むしろ法律用語よりも日常生活用語による主張をこそ重視していただきたいと願うものであります。法律があるから暮しがあるのではなく、暮しがあるから法律があるという原点を踏まえるならば、暮しの中から生まれたことばにこそ耳を傾けていただきたいと考えております。（『草の根通信』15号、一九七四年、4頁）

これは第一回公判での原告のことばです。裁判員制度が始まった現在においても、「豊前平野」の代わりにその裁判が行われる土地の固有名詞を入れて読み直しても、胸に響くことばではないでしょうか。

機関紙『草の根通信』には、事前調査した環境データ資料を出そうとしない電力会社への怒りや、「みんなで疑おう電力会社の広告」という皮肉を込めた文字と一緒に「電力ピンチが続いています。午前十一時～午後四時、特に節電をお願いします」という当時の新聞広告が掲載されていて、現在の原子力発電の問題を連想させます。

当時は専門家から馬鹿にされ、門前払いを受けた豊前環境権裁判ですが、松下竜一氏をはじめとする原告の人々が訴えた「傍聴者にもわかる、市民のための裁判」は、ことばの面だけでなく、今の時代においても色褪せぬ主張であるといえるでしょう。

10 石鹸だけは禁止にせんといてください

――法廷と笑い・ユーモア

日本笑い学会のとりくみ

「日本笑い学会」という学会があります。一九九四年七月九日（「泣く日」）に大阪で産声をあげ、全国に十六支部を持ち、約千名の学会員を擁する市民参加型学会です。笑いをさまざまな角度から（たとえば「笑いと健康」「笑いと地域」「笑いと芸能」など）まじめに研究する学術団体です。筆者は設立二年目から参加し理事を務めさせていただいています。

二〇〇九年一月には大阪市中央公会堂で裁判官・検察官・弁護士にパネリストを依頼して、筆者が司会をする形で、「法廷とユーモア」という公開研究会を実施しました。また二〇一一年七月に大阪府堺市での第十六回総会・研究発表会では「法廷と笑い・ユーモア――『ことば』の視点から――」という題で、発表しました。

「法廷にユーモアなどあるのか？」「厳粛な場に笑いなど不謹慎だ！」などとお叱りを受けそうですが、やはり人間が集うところには笑いやユーモアは存在するのです。研究会や学会発表の内容をもとに、法廷での「笑える」エピソードをご紹介しましょう。

方言をめぐる勘違い

弁護士と違って裁判官と検察官は転勤族です。転勤先での聞いたことがない方言に、勘が狂うことも多々あるようです。そんなコミュニケーション・ギャップが、ときには笑いを誘います。

パネリストの判事さんが佐賀地裁にいた時のエピソード。

「あなたはお金を借りたことがあるんでしょ?」と尋ねると、否認事件でもないのに、「ない」。「本当はあるんじゃないですか」とさらに訊くと、やはり「ない」。否定ばかりする人だなあと思ったら、佐賀では「はい」を「ない」ということを速記官から教えられ、やっと合点がいったとのことでした。

神奈川県出身の、ある検察官も山梨・甲府地検に在任中、今まで耳にしたことのないことばに出会いました。被告人や証人の口から出てくる「~ちょし」、いったい何を言っているのかさっぱりわかりません。立証する場であるのに、何を言ってるかわからない状態にとまどいを隠せませんでした。あとで山梨には「~ちょし」という禁止を表す方言があると知り納得しました。たとえば、「い(一)っちょし」は「言(行)っちゃだめ」、「に(二)ちょし」は「煮ちゃだめ」、「み(三)ちょし」は「見ちゃだめ」、「し(四)ちょし」は「しちゃだめ」…と続き、「く(九)っちょし」は「食べちゃだめ」、「と(十)っちょし」は「取っちゃだめ」というように多く存在することを学んだそうです。

ちなみに当時甲府地検には検事が二人しかいない上に、富士山の樹海に他府県からの死体遺棄が多くて大変だったと振り返ります。自殺する人は奥まで入っていくのですが、殺人犯は樹海で迷うことを恐れて入口で捨てるとのことです。笑えない話ですが。

また、関西以外から京都に来た検事さんの弁。

「『えらい』は『賢い』とばかり思っていたらどうやら違っていました。『疲れた』の意味があると知ってびっくりしました。『どつく』と『しばく』の違いもわかりませんねえ…」

「えらい」は多様な意味を持つことばで、ほかに「大変な」という意味もあります。本来「どつく」は「胴(を)突く」で、「しばく」は「紐やむちなどの細いもので打つ」意味ですから、確かにニュアンスが違いますので、ネイティブ以外の人はしっくりこないでしょう。

脅迫事件の起訴状にはそのまま脅し文句が記載されますが、鹿児島地検に勤務した兵庫県出身の検察官が、その起訴状にある「一万ひこ」という表現が最初何を意味するかわからなかったとのこと。「ひこ」とは「あるだけ」を意味する鹿児島方言で、「一万札をあるだけ」という意味だったのです。

パネリストの検事さんが愛媛・松山に赴任したとき、選挙違反の捜査をしました。被疑者が取り調べの最後に「私は、もう選挙は曲がりません」とひとこと。「あんた、選挙曲げたやないか」。「触る」ことを松山では「曲がる」とそのとき事務官に教えられたそうです。被疑者は、「もう選挙には関わりません」と言ったつもりだったのですね。

岩手・盛岡で出会った方言は、「おもさげなんす」。「なんや、重いもん提げるんかい」と思ったら「申し訳ない」という意味だったとか。

専門用語の勘違い

専門用語が笑いのもとになることもあります。

パネリストの検事さんの経験談。身柄拘束中の人に一般人が会うことを「接見《せっけん》」といいます。検察官は、証拠隠滅の可能性のある人には「接見禁止」という令状を裁判所に出してもらう手続きをします。ある身柄拘束中のおじいさんの被疑者に「君は接見禁止になった」と宣告すると、そのおじいさん、懇願して「待ってください。石鹸《せっけん》だけは禁止にせんといてください。私、ひげが濃いんや」。とんだ「セッケン」違いでした。

同じ検事さんの同僚の話。パソコンが出廻った当時「汚職事件」と打ったら「お食事券」と出て、そのまま気づかず決裁に行って怒られたとか。持参するところが食堂なら、怒られなかったかも。

裁判員制度の導入にあたり開発された音声認識装置。音声データを文字化して画像と音声データで再生することができる検索装置として法廷に導入されましたが、精度はいまひとつで方言にもうまく対応できていません。

「血痕」を「結婚」と誤認するのはまだ序の口。関西弁の「数え切られへん」は「か、そい切られへん」、「隠さはったけど」は「格差畑」、「言うてません」は「酔って、ません」になるとのことです。

裁判官も人の子？

筆者は毎年のように高校生を裁判傍聴に引率していますが、前任校で屈辱的な経験をしたことが一度だけあります。法廷に入る前に「ここは人の一生が左右される場。くれぐれも笑ったりしないように」と釘を刺すようにしています。にもかかわらず、何がおかしかったのかクスクスと笑った女子高校生がいました。すかさず裁判長は、

「そこの高校生、やかましい、退廷！」

めったにないであろう退廷処分を食らってしまいました。引率教員として恥ずかしかったことといったらありません。

そんな厳しい裁判官の、人間らしい姿が日本笑い学会の公開研究会ではいろいろと披露されました。

弁護人がたらたらと尋問しているうちに、裁判長が寝始めました。さすがに突っ伏してはいませんが、目をつぶって聞いているふうを装いながら、明らかに寝入っています。しばらくして目を覚ました裁判官、法廷内の人が寝ている姿を見つけ、すかさず、「君、寝ないように」。同じく裁判官が寝てしまった話。弁護人から「裁判長、寝てます」と指摘されて起こされた裁判長、すかさず「人に寝させすような尋問すな！」と反撃。

検察、弁護とも緊張感のある尋問の応酬の最中に、法廷に「ガガーン」と大きな音が。何が起こったのかと壇上を見ると、裁判官が椅子から落ちてひっくり返っていました。

今は法廷もクーラーがついて夏もしのぎやすいですが、まだ扇風機が廻っていた頃の話。あまりの暑さに黒い法服の中は裸という裁判官もいたそうです。壇上の足元に、見えないようにバケツに水を入れて、足を突っ込んで涼しい顔をしていた裁判官も。想像するとおかしいですね。

高校生も傍聴の際、裁判官の人間らしい姿を見て逐一報告してくれます。「先生、あの裁判官寝てたで」「裁判官、審理中に鼻くそほじくってたで」「女子高生がいっぱいいたから裁判官張り切ってはった」などなど。

思想としての笑い・ユーモア

くすっと笑った女子高校生がすかさず退廷を命ぜられたエピソードからも、法廷では笑いは厳禁です。また、法廷には笑いやユーモアを締め出す装置が仕掛けられているように思います。威厳のある黒い法服、窓のない部屋、裁判官席から被告人を見下ろす角度、民主主義としての歴史の短さからくる「御上」への恐怖心など…。

たしかに、刑事事件では一般的に、笑いやユーモアが入り込む余地はないように感じます。しかし、「笑い学」の見地からは、法廷にも笑いやユーモアが大切なのではないかと考えます。その理由は三つあります。

一つは「緩和」です。落語家の故桂枝雀師匠の説に「緊張と緩和」という笑いの理論があります。緊張が支配する法廷では、今まで紹介したような法廷に関わる人間が人間臭い姿を見せることで、ホッとする空気が流れる可能性があります。緊張感は重要ですが、人間にとってちょっとした緩和も必要なのではないかと思います。

二つめは「和解」です。ある関西の地裁裁判官は「民事では『納得する』ことが大切なのでことばがプラスに働く。関西弁は民事の調停ではうまく働く。方言を使うことで威厳が外れる」と述べています。また調停委員は「当事者にしゃべらせるだけしゃべらせて最後にこちらがオチをつけます。落語の精神ですね」とも言います。和解の促進に笑いやユーモアの果たす役割は大いにありそうです。

三つめは「攻撃」です。圧倒的な権力を持つ者と対峙した場合、弱者が持つ最大の武器は権力者への笑いでありユーモアです。法廷の場で権力を持つ者に社会的弱者が人間としての尊厳を傷つけられる場合もあるでしょう。そんなとき、笑いやユーモアは権力への対抗手段となり得ます。権力者が恐れることのひとつは「笑われる」ことです。

法廷と笑い・ユーモアは一見すると相容れないもの同士のように見えます。しかし、両者とも人間が存在するところに必ず「ある」ものです。法廷はできるだけ人間を不幸にしないようにする存在、笑い・ユーモアは人間を幸せにする存在。じつは両者は意外と近いものなのではないでしょうか。

法廷において、問題の解決のために、当事者が人間としての誇りを保つために、そして、当事者たちが「自分らしくある」ために、笑い・ユーモアは必要だと考えます。人間や社会の幸せのために、法における「思想」としての笑い・ユーモアが追究されるべきではないでしょうか。

休廷

法曹界ざれ歌

法曹界の人々である裁判官・検察官・弁護士は、一般に、お堅い仕事、お堅いひとびとと思われているのではないでしょうか。たしかに、法廷で冗談ばかり言うわけにはいきませんが、素顔は意外と気さくだったり、ユーモアのセンスがあったりする人もいます。

前述（109頁）の日本笑い学会が二〇〇九年に開催した「法廷とユーモア」の研究会では、法曹関係者が詠んだざれ歌も披露されました。ふだんの仕事では厳格さが求められるぶん、法廷の外では、そのような自分たちの仕事を客観的に観察して笑い飛ばすユーモアも大切なのでしょう。いくつか傑作をご紹介します。

検察官、与力、同心なれのはて
　上に御上のいるぞ悲しき

これはパネリストの弁護士のかたが紹介された川柳です。検事は偉そうに言うけれども結局は役人で上の決裁を受けなければ何もできない、我々は庶民だけれども自由だぞ、という意味だそうです。また、

弁護士は　自由、人権、守護戦士
　金のなる木に　向くぞ悲しき

という川柳も披露されました。

弁護士は確かに自由や人権を擁護する立場

にあるが、謝礼が高めであればそちらへ顔が向く傾向にあるという自虐的ネタです。

遺産知りて　後の心に　くらぶれば
　昔はものを　欲せざるなり

これも欲しい　あれも欲しいと　ながむれば
　ただ同然の　土地ぞ残れる

パネリストの裁判官のかたは、民事事件の中でも遺産分割の処理を得意とされていました。その判事さんが大阪家庭裁判所時代に作られた本歌取りのざれ歌です。百人一首の四三番、権中納言敦忠「逢ひみての　後の心にくらぶれば　昔はものを　思はざりけり」と、八一番、後徳大寺左大臣「ほととぎす　鳴きつる方を　眺むれば　ただ有明の月ぞ残れる」のパロディですね。もう一首。

策凝らし　遺産分捕り　謀るとも
　世に大阪の　家裁は許さじ

何とかして一生懸命遺産を取ろうとするけれども、法を盾にそうはさせまいという気持ちがこめられていますね。本歌は百人一首六二番、清少納言の「夜をこめて　鳥のそら音は　はかるとも　世に逢坂の　関はゆるさじ」です。

いかがでしょうか。弁護士や裁判官のユーモアセンスが垣間見えますね。法廷はさまざまな人生が凝縮された舞台であり、そこには生身の人間の感情や欲望が渦巻いています。だからこそ、人情の機微をうかがつ作品が生まれるのかもしれません。

11 ウチナヤ、ニホンヤガヤ
——ウチナーグチ裁判と日の丸裁判

方言と言語

「方言」と聞くと、みなさんはどんなイメージをお持ちでしょうか。それは、「言語」とはどう違うのでしょうか。一般に、「言語」とは「文化的・歴史的に独立したことば」であり、「日本語」は「言語」ということになります。それに対して「方言」とは「言語の中の下位単位としての変種」であり、たとえば「広島のことば」は「方言」ということになります。

しかし、「言語」と「方言」の区別については、「言語か方言かの認定は、政治的なことにも左右されるのである」（真田信治、二〇〇五年、347頁）といった見解があるように、じつは簡単に客観的に決められるものではありません。

たとえば、沖縄のことばは「言語」でしょうか、「方言」でしょうか。「とうぜん方言だ」と思っている方も多いでしょうが、そのことばが話される地域と日本の中央の政治的勢力との歴史的な関係や、それらの文化的独自性をどうとらえるかによって、判断は分かれます。「もし琉球王国が存続していれば、沖縄のことばは琉球語というれっきとした言語として展開し続けたであろう」（真田、同）という考え方も成り立つのです。

では、法廷で沖縄のことばを使った場合どうなるのでしょうか。じつは非常に「ややこしい」ことになります。なぜなら裁判所法第七四条に「裁判所では、日本語を用いる」とあるからです。

ウチナーグチを使った裁判

沖縄では、日本本土のことばを「ヤマトグチ」、沖縄のことばを「ウチナーグチ」と呼びます。一九七二年二月十六日東京地方裁判所で、ウチナーグチを使った裁判がありました。この裁判は「ウチナーグチ裁判」と呼ばれています。

一九七一年一〇月十九日、「国会爆竹事件」がありました。沖縄返還協定とその関連法案を採決するための国会——沖縄国会と称された国会の開会日のことです。

衆議院本会議で、佐藤首相の所信表明演説が開始された直後、沖縄の三人の青年が傍聴席で「沖縄返還協定粉砕」を叫び、爆竹を鳴らし、ビラをまいて逮捕起訴された事件です。三人は、もともと沖縄は日本ではないという立場であり、沖縄返還の欺瞞《ぎまん》性を訴えることが目的でした。

この三人が被告人となった裁判は、「ウチナーグチ裁判」と称されます。当時の新聞（『毎日新聞』東京本社、朝刊、一九七二年二月十七日）と、その時の裁判長である小林充氏への筆者によるインタビューをもとに、裁判の模様を再現してみましょう。

開廷宣言の後、裁判長から職業をたずねられた被告人は、
「ムカシエ、カイシャインヤッタシガ、ナマヌンソウネン」（昔は会社員だったが、いまは働いていません）
と沖縄の方言で答えました。
意味不明の発言だと判断した裁判長は、とりあえず発言を禁じました。
「ウチナヤ、ニホンヤガヤ」（沖縄は日本ではないのですか）
と早口で被告人が言いました。
「チバリヨ」（がんばれ）
と声をあげた傍聴席の若者は、裁判長の命令で、法廷警備員に廷外へ連れ出されました。
裁判長はいったん休憩したあと、注意を喚起する気持ちから、「裁判所では、日本語を用いる」という裁判所法第七四条の規定を告げたのです。別室で被告人に同行してきた拘置所職員から、被告人らが拘置所内では標準語を使っていたことを確認していました。

「ここにいう『日本語』は標準語を意味し、地方の方言は含まれない」と裁判長は付け加えました。

弁護人が「被告たちは抗議したり、自分の思想を述べるときは、生まれ育ったところのことばでしか表現できない。できるなら通訳をつけてほしい」と申し立てたことについてはハネつけた、と当時の新聞にはあります。しかし小林氏には、その記憶がないとのことでした。ただ、「通訳は『国語』、つまり日本語、標準語に通じない者につけると刑事訴訟法第一七五条にはあるので、（本当は標準語を話せる被告人に対しては）当然却下しただろう」と筆者に語りました。

その後、公判が継続して開かれ、東京地裁は翌年九月六日、この被告人三人に対して、懲役八月、執行猶予三年の有罪判決を言い渡しました。

日の丸裁判

次に、「日の丸裁判」と呼ばれる裁判をご紹介します。

沖縄国体が開催された一九八七年一〇月二六日、少年男子ソフトボール競技会場（読谷平和の森球場）で、日の丸が焼き捨てられるという事件がありました。

事件の流れはこうです。会場の読谷村は、沖縄戦で米軍の上陸地となり、多くの悲劇が生まれた地です。そのような歴史的経緯から、日の丸や君が代に対する村民の反発がとりわけ根強いこともあって、日の丸等の掲揚をせずに開始式を行う方針を決めていました。その方針を知った日本ソフトボール協会会長から読谷村に対し、「球場のメインポールに日の丸旗を揚げなければ競技場を他に移す」旨の連絡が入りました。大会が始まる四日前、一〇月二三日のことです。

第四二回国民体育大会読谷村実行委員会会長の山内徳信読谷村村長（後に参議院議員）は、協議の末、その案を受け入れざるをえないと決意します。ただし、通常は、日の丸旗を真ん中にして、向かって右から、競技協会旗・開催県旗・日の丸旗・開催市町村旗・国体旗と五本の旗を揚げるところを、日の丸旗と国体旗の位置を入れ替えた上に、非核宣言旗を追加して六本揚げることにしました。向かって右から、非核宣言旗・ソフトボール協会旗・沖縄県旗・国体旗・読谷村旗・日の丸旗としたのです。

ところが、当日は国体旗の位置が入れ替えられ、日の丸旗が真ん中になりました。読谷村で当時スーパーを経営していた知花昌一氏は、もし、開会式当日に旗の位置が変えられていたら、日の丸を焼いてやろうと、あらかじめ決めていました。そして、実際に、スコアボードに登って日の丸旗を引きずりおろし、百円ライターで火をつけたのです。

その後、会場は、知花氏の支持者や右翼らによる大乱闘になりました。この事件についての裁判が「日の丸裁判」です。

読谷村は、戦争中の一九四五年三月二九日、チビチリガマで八二名の住民が集団自決をした悲しい歴史を持っています。うち四七人は十二歳以下の子どもでした。その事実は三八年間語られることなく、知花氏や十五人の親戚を失った比嘉平信氏、東京の絵本作家の下嶋哲朗氏の調査で、その全貌が明らかになりました。

「日の丸裁判」は一九八八年一月から始まり、一九九三年三月二三日に那覇地裁において懲役一年執行猶予三年という判決が下されました。この裁判は検察官が起訴状に「国旗」と表現したため、弁護側と検察側の間で「日の丸が国旗かどうか」という国旗論争となってしまいました。

判決では、「現在、国民から日の丸旗以外に国旗として扱われているものはなく、また多数の国民が日の丸旗を国旗として認識して用いているから、検察官が公訴事実において器物破損罪の対象物として記載した『国旗』とは『日の丸旗』を指すと理解でき、訴因の特定、明示に欠けるところはない」という玉虫色の表現でしたが、日の丸を事実上の国旗と認定した最初の司法判断と報道されました。

裁判が国旗論争になったのは知花氏の望むところではなかったのです。弁護側はその後控訴しましたが、一九九五年一〇月に福岡高裁は控訴を棄却し、刑が確定しました。

ウチナーグチによる意見陳述

知花氏も裁判でウチナーグチを使用しました。控訴審第二回公判（一九九四年四月二八日）でのことです。以下にウチナーグチの一部と日本語の全訳を記します。

〈ウチナーグチ〉（一部抜粋）

わんがぬうでぃち　日の丸やちあがでぃし　なまからはなせえやあでぃ　うむとうびぐとうちちとらみそうり。わんねえゆんたんざうていふるいいゆんたんざうていくらちょういびん。わんねえ　十一年めえに　チビチリガマぬ「集団自決」ぬくとう　下嶋哲朗さんとうまんじょうい　ちちしらびすんくとうにないびたん。チビチリガマや　いくさうわてぃ三八年ぬん　たあんはなしんさぁん、たあんちかじちんさぁん、かくさってぃちぁびたん。ぬぅでぃちかくさってぃちゃあがでぃれぇ「集団自決」しちゃぐとぅやびん。「集団自決」でぃしえぇ　あんまぁが　るぅぬじこうかなさぬなしんぐゎ、ちょうでぇ、うや、るぅぬてぃしくるすんでぃぬくとうやいびん。チビチリガマうてぃ　八十四にんがまあちょうびん。うぬうち四十七にんぬわらんちゃが　まぁ

ちょうびん。（中略）

東京や大阪とぅちがいびん。歴史がちがいやびん。文化がちがいやいびん。うちなぁうと日の丸がやかってぇんでいし　かんげぇさんねぇ　くぬ裁判のぅわらぁりびんどぅ。
裁判官のぐすぅよう　くぬくとう　かんげぇんそうり。

〈日本語訳〉（陳述の全文）

わたしがどうして日の丸を焼いたのかということを今から話したいと思っていますので聴いてください。私は読谷で生まれ読谷で育ち読谷で暮らしています。私は十一年前にチビチリガマの「集団自決」のことを下嶋哲朗さんと一緒に聞き調べることになりました。チビチリガマは戦争が終わって三八年も誰も話もせず誰も近づきもせず隠されてきました。どうして隠されてきたかと言いますと「集団自決」をしたからであります。「集団自決」というのは母親が自分の最愛の子どもを、兄弟、親を自分の手で殺すということです。チビチリガマで八四人が亡くなっています。そのうち四七人の子どもたちが亡くなっています。この子どもたちは自分の親に殺されたことになります。どうしてお母さんが自分の可愛い子どもを殺してしまったのかと思います。今の私たちには考えられないことです。お母さんたちに聞いてみると「あなたたちにはわからないでしょうが、あの時はそのように教えられていたんだよ」と言います。「あの時の教え」というのは軍国主義の教えです。日の丸・君が代・天皇の教えが集団自決を起こしたのです。日の丸は沖縄の戦争、「集団自決」を起こしたしるしです。一審で証人になったチビチリガマで生き残った知花カマドおばあさんは「昌一が日の丸焼いたのもチビチリガマで死んだ人たちが力を貸したからだと思います」と言っております。

私は読谷でスーパーをしています。私は日の丸を焼きましたが一審判決の通り悪いことであれば、私のスーパーは誰も買物に来なくなり、とうにつぶれているはずです。そうですが、六年過ぎた今も私のスーパーは何の変わりもなく商いをしています。どうしてかというと、私が日の丸を焼いたのは何も悪いことではないと思われているからです。私のスーパーが成り立っているのは私が日の丸を焼いたことは、私たち読谷の人の心と思っています。

本土から来た裁判官にはわからないでしょうが、これが沖縄なんです。東京や大阪とは違います。歴史が違います。文化が違います。沖縄で日の丸が焼かれたということを考えなくては、この裁判は笑われますよ。裁判官の皆様、このことを考えてください。

知花昌一氏インタビュー

二〇〇六年一月六日、読谷村にて、当時読谷村村議会議員を務めていた知花氏に、事件と裁判についてお話をうかがいました。その内容を次にご紹介します。

日の丸を国旗とすることは、沖縄のアイデンティティにかかわる問題だったわけですよ。裁判所では弁護士には沖縄出身者もいたけれど、裁判官や検事はみな本土の人間です。裁判でウチナーグチをしゃべったのは、日本の権力機関でもある裁判所にけんかを売るつもりでした。ウチナーグチでしゃべったら、当然、裁判官は止めるだろう、日本語で話せと注文をつけるだろうという読みがあった。その場合、本土に復帰して一〇年、まだ沖縄は日本ではないのか、といちゃもんをつけるつもりでした。論争を見込んでいたわけです。

ところが裁判官はこちらのけんかに乗らなかった。いちゃもんをつけたのは検事だけで、「わかることばで」という注文をつけてきて、裁判官が「どうですか?」と聞いてきたので、「自分のことは俺のことばでしゃべる」と返しました。ウチナーグチでしゃべったのは意見陳述の場面で、事実関係の証拠調べにかかわることではなかったので、裁判官は「言わしておけ」という態度でしたね。

自分が日の丸を燃やしたのは確信犯でやったので、燃やした事実は当然認めるつもりでした。一番主張したかったことは「なぜ燃やしたのか」ということであって、それをウチナーグチでしゃべったんです。

主張したかったことは二つありました。一つは読谷村のチビチリガマでの集団自決のことで、その集団自決は日の丸・君が代のもとに行われた戦争がもたらしたものだったということ。二つめは当時の読谷村の状況。日の丸・君が代反対が村民の意志だったのに、その意志が無視されたことです。ウチナーグチで主張したことは怒りとしての僕の表現だったわけです…。

「日の丸裁判」裁判長へのインタビュー

「事実関係（証拠調べ）にかかわることではなかったので、裁判官は『言わしておけ』という態度でしたね」と知花氏は振り返っていますが、当時裁判長だった大塚一郎氏の受けとめ方は、知花氏の回顧とは異なっています。二〇〇七年一月に、広島で弁護士をされている大塚氏に電話で当時のことを聴く機会がありました。以下、大塚氏の話をまとめます。

弁護士や検察官の最終の陳述が終わり、被告人に「最後に他にいうことはありませんか」と尋ねると、「沖縄のことばで述べさせてください」というのです。それから十五分程度、ウチナーグチでの発言がありました。意味はわからないけれど何が言いたいのか感じはわかります。すべてを理解することはできませんでしたが。

沖縄の人はプライドを持ち、固有のことばを持っておられる。日の丸に占領されたという意識や反感がありますが、日の丸には反感を持っておられる。人により程度の違いがあって、日の丸への思いは、程度の差はあれ、いろいろあります。その気持ちを汲んで（ウチナーグチでの発言を）述べさせました。

びっくりしたか、ですか？　別にびっくりしないですよ。（アイデンティティの主張だということを）感じたからこそ時間をとったわけです。沖縄の事情は心情的に理解できないこともありませんから。

それで終わってから、発言の内容を理解してほしいということならば、後で日本語で正確に訳して提出してほしいと言いました。日本語というのは標準語ということです。標準語とは東京を中心として使用されている共通語ということでもあります。

もしあらかじめウチナーグチで述べたいという申し出があったなら、たぶん、要旨を標準語で出してほしいと言ったでしょう。通訳をつけるかどうかという問題についていうと、外国語ではないからつけないですね。ウチナーグチは日本語の範疇に入らないが、通訳をつけるわけにもいかない立場にありますね。

通訳は必要か？

『読谷小学校創立百周年記念誌』には一八九二年（明治二五）に「通訳として喜瀬某が月俸二円で雇用され、通訳付で授業がすすめられた」とあります。

冒頭にも述べたように、ウチナーグチを「方言」ととらえるか「言語」ととらえるかは、大変難しい問題をはらんでいます。行政的に沖縄は日本に属するわけですから、ウチナーグチを方言ととらえることは可能です。しかしそうすると、国会爆竹事件の被告人や知花氏のような、日本への同化は耐えがたいという立場からしたら、「方言」とされることは受け入れがたいことになるでしょう。

もし、ウチナーグチを「日本語」とは別の「言語」ととらえたならば、「国語に通じない者に陳述させる場合には、通訳人に通訳させる」（裁判所法第一七五条）とありますので、通訳をつけることもできそうです。しかし、通訳をつける場合は「国語（日本語）に通じない者」の場合です。国会爆竹事件の被告人や知花氏のように、「日本語」（標準語）も理解できる人には、通訳が認められなかったというのが現実です。

では、ウチナーグチにアイデンティティを抱き、ウチナーグチでなければ表現できない思いを裁判で述べようとする場合、どうすればよいのでしょうか。

法とことばの問題は一筋縄ではいかないのです。

休廷

離島での法律相談

地方裁判所は全国に二五三あり、地方裁判所とその支部管内に、弁護士が不在か一人しかいない地域は、「ゼロワン地域」と呼ばれています。

司法制度改革で弁護士人口は増加したものの、仕事を構える地域が都市部に偏り、法的サービスが十分行き渡らない地域があるのです。日本弁護士連合会は、一九九九年に「ひまわり基金法律事務所」を創設し、ゼロワン地域での事務所の開設を支援し、任期制で弁護士を派遣してきました。その成果があって、弁護士ゼロワン地域は、一九九〇年に八〇か所近くあったのが、二〇一〇年には一〇か所にまで減少しました。

しかし、それでも法的サービスからこぼれ落ちる地域があります。離島や過疎地域などです。そんな離島の人々のために法律相談のサービスを提供しようと、全くのボランティアで取り組んでいる大阪の弁護士たちがいます。

きっかけは二〇〇七年にある研究会後の席で、南西諸島の一つである喜界島出身の得本《とくもと》嘉三《かぞう》弁護士が、自分の生まれ故郷に遊びに行こう、と誘ったことでした。

近畿鹿児島県人会連合会の会長も務めた得本弁護士は、十五歳で大阪に出てきて、鉄工所に勤めながら当時の北野中学校夜間部に通い、その後裁判所職員として勤務しながら関西大学夜間部で学び、司法試験に合格した努力の人です。

　その年の六月に得本さんの案内で喜界島を訪問した一行は、喜界町町長はじめ町役場幹部の歓迎を受けました。離島での法律相談というアイデアが生まれた経緯を、メンバーの一人である大川哲次弁護士は次のように記しています。


…その席で、誰からとなく、「喜界島には定期的に弁護士が出向いて来て、島民に対して法的サービスとしての法律相談会を実施しているのですか」という質問が出された。その時の町長らの答えは、「そのような法律相談会はかつて全く行っていないし、島民が弁護士から島での法的サービスを受けることもない」というものであった。島民が法律のことで弁護士に相談したい場合は、飛行機か船で奄美大島へ出向くか、さらに多くの時間と費用をかけて奄美大島から四〇〇㎞近く離れた鹿児島市内へ出向くしかなく、鹿児島市内まで行く場合は少なくとも一泊二日の日程で、費用は五万円以上はかかってしまうこと、また申し込んでから実際の相談を受けられるまでかなりの日数を要するとのことであった。

（中略）

簡易裁判所さえもない喜界島などの離島では受けたくても法律相談さえ受ける機会に恵まれずに、弁護士の法的サービスを受けられない過疎地域の人たちはまだまだ多数存在し、今後弁護士がどれだけ増えたとしても、問題が解消することはないであろう。法的サービスが、日弁連からも、又単位弁護士会からも受けられない場合は、日弁連や単位弁護士会の活動とは直接関係のない弁護士有志による個人的なボランティア活動に頼るしかないのであろうか。それが本当の現実である。

（『月刊大阪弁護士会』二〇〇九年11月号、65頁）

そして、離島での法律相談会がその年の一〇月二九日から三泊四日の日程で、喜界島から始まったのでした。

当然のことながら諸費用は自己負担、相談報酬も受けない純粋なボランティアです。離島での法律相談ボランティアは二〇一〇年までにすでに六回実施されています。一時間ほど公的な会場で講演をした後に相談を受け付けるという形式です。講演も関西弁でユーモアを交えて解説するなど、わかりやすく、住民にも好評のようです。

大川さんによると、島ごとに方言は違っても対応することばは標準語なので、わからないことばで苦労することはないとのこと。また、「平和な島の中にもトラブルは眠っています。相談する人がいないだけなんです」ということばが印象的でした。

三度訪問している得本弁護士は、島での法律相談について次のように語ります。

島での相談内容は、具体的には子どもが帰ってこないから相続をどうしようとか、兄弟みな出て行って墓の面倒が見られなくなったので名義を変えたいとか、境界を巡って取り分が少ない、といったものが多いですね。大抵はすぐ相談で解決がつきます。訴訟になるかどうか境界の問題にしても、役所の人や有力者が間に入って話し合いで丸く収まります。

法律のことばを説明するのに、島のことばを使うときもあります。電話での相談は、奄美や喜界島のことばで応じるので意思が明確に伝達できますね。相談の中で、「そうしたら」の意味の「あっしりば」ということばが出てきたりします。

喜界島のことばで私が一番好きなのは、ありがとうの意味の「おふくんでーる」ですねえ。のんびりしたいい島なので、ぜひ行ってみてください。


活動のモットーは「ボランティアと観光の両立」。二〇一一年は東日本大震災の復興を願って、九月三〇日から一〇月一日にかけて東北最大の離島である気仙沼大島と陸前高田で九名の弁護士により実施されました。

気仙沼大島では八名、陸前高田では五名の相談者に対応し、「危機管理」というテーマでの講演も行いました。気仙沼大島では十二件、陸前高田では七件の相談がありました。相談内容は、土地などに関する法律相談が主だったようです。

ボランティアゆえの自己負担額が大きいことから、積極的に参加してくれる弁護士の確保が一番大きな課題とのことです。

12

「たぬき」か「むじな」か？
――方言の意味とりちがえは人生を変える

たぬき・むじな事件

「たぬき」と「むじな」は同じ動物か、ときかれたら、何と答えますか。

むじな（狢・貉）は、たぬきとよく似たアナグマのことを指したり、たぬきのことを指したりします。使い分けるところもありますが、同じ意味で用いる地域もあるのです。「同じ穴のむじな」ということばがありますが、たぬきとむじなはよく似ていて、人をだますとされていたことからできたことばのようです。

「たぬき・むじな事件」は、この、たぬきとむじなのややこしい関係をめぐって栃木県で起こった、裁判史上に残る事件です。

一九二四年（大正十三）二月二九日のこと。ある猟師が狩りに出かけ、むじな二匹を洞穴に追い込みました。そして、大きな石でふさいで閉じ込め、三月三日に捕まえたのです。

ところが、当時の狩猟法では、三月一日以降にたぬきを捕獲することを禁じていました。猟師の行為は狩猟法違反にあたるとして逮捕されたのです。

しかし、猟師は、たぬきとむじなは別の動物であるという認識を持っており、同じ動物ではないと信じ込んでいました。この地域の「むじな」ということばには「たぬき」の意味はなかったわけです。

結局、一九二五年六月九日、大審院において、猟師は無罪とされました。下級審では「たぬきとむじなは同じ動物とされている」として有罪になっていたので、判決が覆ったわけです。

刑法第三八条には、

1　罪を犯す意思がない行為は、罰しない。ただし、法律に特別の規定がある場合は、この限りでない。

2　重い罪に当たるべき行為をしたのに、行為の時にその重い罪に当たることとなる事実を知らなかった者は、その重い罪によって処断することはできない。

3　法律を知らなかったとしても、そのことによって、罪を犯す意思がなかったとすることはできない。ただし、情状により、その刑を減軽することができる。

とあります。1は「事実の錯誤」、3は「法律の錯誤」のことです。

この事件は、第三八条一項の「事実の錯誤」にまつわる判例として有名になりました。たぬきとむじなを同じ意味で用いることもあるわけですが、そのことは広く知られているわけではなく、別の動物と信じ込んでいた被告人を責めることはできない、という判断です。

むささび・もま事件

同じような事件が高知県でも起きています。「むささび・もま事件」です。「むささび」も禁猟の対象だったのですが、その地方では「もま」と呼ばれていました。むささびという呼び名を知らなかった猟師が、もまを獲ったことにより、訴えられたのです。「たぬき・むじな事件」とは対照的に、一九二四年四月二五日、大審院で、被告人は有罪とされました。

どちらの被告人も、獲った動物が禁猟の対象だと認識していなかった点では同じです。では、どうしてこうも異なる判決が出たのでしょうか。

前者の被告人は「むじなはたぬきではない」と確信していましたが、後者の被告人は「もまはむささびではない」という認識がなく、単にむささびという呼び方を知らなかっただけでした。したがって、この場合は、「事実の錯誤」にはならず「法律の錯誤」となるわけです。

刑法第三八条三項「法律を知らなかったとしても、そのことによって、罪を犯す意思がなかったとすることはできない」が適用され、「もま」を捕まえる意思があったことは、「むささび」を捕まえる意思があったと解釈されたわけです。「むささび・もま」事件は、刑法第三八条の「法律の錯誤」にまつわる判例として語り継がれています。

「ぶっくらす」は「ぶっ殺す」？

「たぬき・むじな事件」の舞台、栃木県・宇都宮地裁では、被告人の方言が争点となった裁判員裁判が、二〇一〇年七月十四日にありました。

タクシー運転手の胸を刺すなどのけがを負わせ現金を奪い、強盗致傷の罪に問われたのは埼玉県在住の被告人でした。犯行時に使った脅し文句は、「ぶっ殺す」だったのか「ぶっくらす」だったのかが争点となったのです。

弁護側は被告人が使ったことばは「ぶっくらす」であり、被害者の聞き間違いであることを主張し、悪質性を否定しました。「ぶっくらす」は北関東で「ぶん殴る」を意味します。「ぶっ殺す」とは全く意味が違ってきます。

判決では「ぶっ殺す」であったと認定し、懲役十年を言い渡しました。裁判員は全員県内在住者で、記者会見に臨んだ二名は県内出身者でした。「ぶっくらす」を使ったのは殴る蹴るの暴行を加えた後だったので、どう考えてもおかしい、という判断でした。

「バカ」は名誉棄損、「アホ」なら愛嬌？

飲酒運転をした職員の処分に対する発言をめぐって、『週刊新潮』二〇〇六年十一月九日号に「彦根のバカ市長」と題した記事が掲載されました。これを市長は名誉棄損にあたるとし、裁判になりました。

二〇〇七年七月十九日、大津地裁の藤本久俊裁判長は「侮蔑的で品を欠く表現」としたものの、「市長の地位にある原告として甘受すべき批判で、意見、評論の域を逸脱したといえない」として、獅山向洋《ししやまこうよう》市長の請求を棄却しました。しかしその後、獅山市長は上告し、その年の十二月二七日、大阪高裁では逆転判決。横田勝年裁判長は「全人格を否定し、バカ扱いした記事で、名誉棄損にあたる」として、二二万円の慰謝料の支払いを新潮社に命じました。

関西の人間として素朴に思うのは、「バカ市長」という表現が「アホ市長」だったら、どうなっていたのだろうか、という点です。

関西の人間にとって「アホ」は「アホやなあ」「アホちゃう」など非常にバラエティに富んで使う表現であり、文脈によって「親愛の情」も入り込みます。しかし、「バカ」は本当に「バカにされた」と感じる傾向が強いことばです。「アホ市長」ならまだ愛嬌があるように感じられます。

広島での司法修習において県外出身者は「かりた（借りた）」と「こうた（買うた）」の判別

が難しく、尋問では苦労するようです。「賃貸借」か「売買」かによって大きく事実が異なってきますから、方言が原因で調書の内容を間違っては大変です。

同じような話は大阪にもあります。「覚せい剤」を「打った」のか「売った」のか、イントネーションで使い分けますから、速記官・書記官泣かせのことばだといえるでしょう。

方言は法曹関係者を困らせますが、一方でその土地への理解や親しみを深めるよすがになります。山形地方・家庭裁判所酒田支部に赴任して三年目の武宮英子判事は、仙台高裁管轄内の冊子『TOHOKU』(二〇〇六年10号)所収のエッセイ、「ここを故郷と思って」で次のように述べています。

裁判の記録を読んでいると、書面に出てくる場所の状況が想像できることが多くなりました。また庄内の言葉は、よく語尾に「のぉ~。」という助詞(?)が付いて、とても柔らかく優しく聞こえるのですが、その語尾にも、使い方によって優しさだけではない様々なニュアンスが現れることがわかるようになりました。事件を担当し、訴訟の当事者となった方と話をする中で、主張は対立しても、どこかで相手の立場を思いやる温かさに触れる機会が幾度もありました。

裁判員裁判での方言

二〇〇九年九月二日から四日にかけて、青森地裁で裁判員裁判が行われました。全国三例目の裁判員裁判です。この裁判では、裁判員が方言を交えて質問したと報道されていました。

「へば懐中電灯か何かを持っていかれたのですか」

という質問です。「へば」とは津軽弁で「それでは」の意味です。

青森県警では、裁判員裁判の開始前の二〇〇九年三月に、「取調室で〝難解〟な津軽弁が飛び交ったときには、容疑者らの言い回しを再現する際は供述調書にそのまま記載して読み上げる」という方針を決めました。

これには、裁判員裁判のために、取り調べの様子を録画することになったことが背景にあります。それまでは、津軽弁の発言を標準語に言い換えるかどうかは、調書を書く取調官に任されていましたが、警察の取り調べが妥当であったか裁判員裁判で証明するために取り調べの一部が録画されることになったのです。

導入を前に、調書に津軽弁をどう反映させるかが議論になりました。青森県警では取調室で他の地域の人々には理解できない津軽弁が飛び交うという「特別」事情があります。

たとえば、「じぇんこ出せ」（金を出せ）や「うんでもいでまるど」（腕をもいでしまうぞ）といった津軽弁は、県外出身の裁判員には理解できない可能性が十分あります。かといって、真意を変えることなく標準語に言い換えることもむずかしい。被告人が「わ、頭さきて、石で殴ってまったじゃあ」という供述を「私は頭にきて、石で殴ってしまったのです」としてしまうと、リアリティに欠けてしまいます。

青森県警としてはよくよく考えたうえでの結論だったのでしょう。真意を正しく伝える措置になりますが、津軽弁が理解できない裁判員がいることも予想し、取調官が標準語での言い換えを補足して記載し、録画時にも読み上げることにしたわけです。

同じく、二〇〇九年十二月九日、岐阜地裁では裁判官が方言をわからずに問いただす、という場面がありました。

裁判官からストレス解消の手段を聞かれた被告人は、次のように答えました。

「デンシンボウ（電信棒）を殴った」

ところが、九州出身の裁判官には「デンシンボウ」の意味がわからず、「何て言ってるんですか。もっと大きい声で」と納得できない顔で質問しました。被告人が「デンシンボウ」と再度答えたことを受けて、大声で「電柱のこと？」と念を押してやっと理解できた、と報道されました。デンシンボウは、東海・関西地方で使われている方言だったのです。

今後方言をめぐって各地で同じようなことが起こる可能性は十分あります。やはり、人を裁くには、その土地のことばや文化を熟知していなければ正しく判断できません。法律用語は標準語の書きことばですが、標準語だけわかっていてもだめなのです。生きていることばに敏感にならねば、人は裁けないということです。

前述の武宮判事は記しています。

> 自分なりにその土地や人情を愛し、良さや悩みを知ろうとすることで、担当する事件の背景に迫り、裁判官として、より適切な判断に近づくことができるのではないかと思っています。（同書）

裁かれるのなら武宮判事のような方に裁かれたいものです。もちろん事件に巻き込まれるのはごめんですが（笑）。

休廷

判決文の通信簿

一文の長さや難解なことで「悪文」として評されることが多い判決文ですが、筆者は二〇一〇年二月に国語の授業で判決文を教材とした授業を行いました。題して、「高校生が『判決文』に通信簿」。

実際の裁判員裁判の判決文を、中学生にもわかりやすい表現に書き換えるとともに、「論理性」「表現力」「わかりやすさ」の三つの観点について十三項目から評価し、五段階評価をするという授業です。

計十三時間にわたる授業の最終回には、法曹三者をお招きして、「わかりやすい判決文とは何か」をテーマに高校生と議論をする公開授業をしました。

結論からいうと、総合評価は五段階中「3・2」（二〇の班の平均値）でした。裁判員制度導入後、わかりやすくなったといわれる判決文ですが、論理性は高い評価だったものの、「わかりやすさ」には高校生の大半が「1」か「2」の評価を下しました。

・品位とわかりやすさの両立は難しい。ただ、裁判では被告に伝わるようにすることが一番大切では。
・品格はあるが、聴いてわかる文章ではない。
・熟読には向いているが口に出すとわかりづらい。
・一度聴いただけでは意味がスッと入ってこない。

・ストレートに言いにくい言葉を抽象的な日本語でごまかしているなら落第点。

といった手厳しい意見が相次ぎました。

高校生から法曹三者への指摘を通じて意外にも明らかになったのは、判決文における「日常語」の特殊な使い方でした。

たとえば、「みだりに」。生徒は当初「勝手に」という意味を考えたのですが「覚せい剤を持ち込むことはもともと禁止なのに『勝手に』は不自然。負の要素をちゃんと考えていない」とし、「深く考えることなく」と改めました。それに対して検察官からは「短絡的」という意味に置き換えられるけれども、簡単に書き換えることは難しいという指摘がありました。

あるいは「相当」。教材の判決文には「相当」が五回出てきました。

①「…七〇〇万円に処するのが相当である」
②「…自力更生させるのが相当である」
③「…相当長期の実刑に処するのはやむを得ない」
④「…懲役八年に処するのが相当である」
⑤「…三五〇万円とするのが相当である」

これらの「相当」の言い換えとして高校生が考えたのは、それぞれ、

①「ちょうどいい」
②「ふさわしい」
③「かなりの」
④「ふさわしい」
⑤「もっとも」

でした。

三つの班がそれぞれ異なった解釈をしたこともあって、高校生から非常にわかりにくい

ことばであるという指摘がなされました。それに対する裁判官からの回答は、次のようなものでした。

「『相当』は裁判で最もよく使うことばだが、いま挙がった『ふさわしい』などのことばがなぜ使えないかというと、それらはプラス評価になる言葉であり、犯罪を裁くことばのイメージにそぐわないから。被告人からすれば、『ちょうどいい』などと言われたら反発するだろう。使えないから『相当』を使うことになる」

さらに、「なるほど」。

①「なるほど本件犯行は犯罪組織が計画したもので…」

②「なるほど、異国の地で刑を受ける被告人の不安、…理解できるものである」

という判決文を、高校生は、①「こう考えると」②「たしかに」と書き換えました。

高校生にとって、日常使う「なるほど」と判決文の「なるほど」は使い方が異なり、違和感を覚えるという意見が出されたのです。それに対し、裁判官からは「(この「なるほど」が出てきた)あとでは(前と)違うことを言われると覚悟しておいたほうがいい」という解説がなされました。

「裁判の素人と専門家の間でわかりあえるチャンスだと思って挑みました」という高校生の感想があったのですが、この授業の試みは、異なることばの世界に生きる者同士がどうわかりあっていけるかという模索となったようです。

ある刑事法研究者から後日、次のような示唆をいただきました。

「生きる世界でのことばの厄介さというのがあって、専門家と市民のわかりあえる可能性は限定されている。でもわかりあえてしまったら意味がない。『溝』や『裂け目』があるからこそ、市民の感覚が大切になってくる」

「日本の司法制度は、国民の権利の主張、実際の紛争を解決判断するところから発達したのではなく、欧米並の国家になるための近代化の一環としての観点から創設された。よって判決文も権利を主張する国民が読むという観点からではなく、権力機構の権威ある文書としての観点及び他の関係官庁（上級庁も含む）が読むという観点から書かれた」（津留崎裕、一九九四年、83－84頁）という指摘がありますが、日本の判決文改革も裁判員制度とともに進んでいくことでしょう。

「昔ニュージーランドではマオリ族の大酋長が宝の家を持っていた」

これは昔話の出だしではなくて、イギリスの判決文の冒頭です。これを書いたのは、イギリス司法界の主流中の主流といわれるデニング判事でした。デニング判事はルイス・キャロルの『鏡の国のアリス』から引用するなどした、ユニークな判決文をしたためました。「ち密な法的分析をしつつ、ユーモアと率直さ、法と正義への暖かいまなざし、良い意味での遊び心に溢れているものが多い」（津留崎、同）といいます。

さて、日本の判決文に「桃太郎」が引用されるのは、何年後のことでしょうか。

13 可能性ないことないんちゃうか

——法廷の方言が持つ機能（Ⅰ）

法廷で方言はふさわしくない？

12では、裁判員裁判で方言をどう扱うかという問題に触れました。法廷は公的な空間ですから、そこで使われることばは標準語だと思っていた方も多いでしょう（厳密にいうと標準語は「理想」であって存在しないのですが、ここでいう標準語とは、全国的に通用する語という意味です）。

しかし、法廷で使われることばは、標準語とは限らないのです。

法廷で使われる方言に興味関心を抱いたきっかけは、生徒を引率して行った大阪地裁の裁判傍聴でした。その裁判は、標準語で粛々と行われていました。

傍聴後、裁判官への質問コーナーがあったのですが、その際に筆者が「裁判では大阪弁を使わないのですか」と尋ねたところ、裁判官が「人の一生を左右する場である法廷では、方言はふさわしくありません」と答えたのです。

そのことばに違和感を抱いたことが、「法廷における方言」研究の始まりでした。「実際のところはどうなっているのだろう」と思って、大阪地裁を中心に、裁判傍聴というフィールドワークを行いました。すると、意外なことがわかってきました。

法廷で関西弁が使われる場合は、よくあるのです。しかも、法律の素人である市民が使う場合は、思わず出てしまうといった、無意図的な使用が主なのですが、法律のプロは意図的に関西弁を使っている場合が見られたのです。

法廷における方言使用について、いくつかの視点から説明していきましょう。

方言の機能

法廷で使われる関西弁にはさまざまな機能があります。

一つめは「相手の心に近づこうとする」心的接触機能です。

この機能はさらに三つに分けられます。

・法廷という緊張の極致に達した空間に、ほっとするような安らいだ気分をもたらす働き（場の緩和機能）

・相手を追い詰め攻撃する働き（攻撃機能）

・法廷という非日常の世界に法廷外にいるかのような日常の世界をつくる働き（日常の空間形成機能）

です。順に具体的事例を挙げてみていきましょう（**太字が関西弁**）。

弁護士　（沈黙が続く被告人に対して）ゆっくりしゃべってもえ**ーよ**。

被告人　（沈黙）

弁護士　今のところ鬱病みたいなんはどう**なん？**

被告人　（沈黙）

覚せい剤取締法違反でつかまった、やつれて顎がとがった茶髪の女性は、被告人質問でも終始うつむいたまま答えません。答えても聴き取れないほどの声の大きさです。そのような意気消沈した被告人にかけた弁護士の関西弁が優しく響きます。これは「場の緩和機能」といってよいでしょう。

しかし、同じ弁護士が、詐欺未遂で捕まった被告人への質問では厳しく迫ります。関西弁による攻撃機能です。被告人は中国人の大規模な偽造グループの末端実行者として、偽造カードを電気量販店で不正使用したかどで捕まりました。

弁護士　異議**ないな？**

被告人　はい。
弁護士　失業中やから弁解に**なれへんわな**。
被告人　はい。
弁護士　あまりに**甘すぎるんちゃうか**。Ｔ（共謀者）さえ逮捕されて**ないやろ**。
被告人　はい。
弁護士　将来的にあなたに関与する事件、不問に付された**わけやないで**。
被告人　はい。
弁護士　（運転免許がなくて働き口がないという被告人に対して）**甘すぎるんちゃうか**。

一転して被告人に対して関西弁できつく当たっています。このような攻撃的な物言いはこれだけ被告人の更生に真剣に取り組んでいるという、裁判官へのアピールでもあります。「攻撃機能」というべきものです。次に紹介するのは民事裁判からです。

弁護士　覚えて**はり**ません？　十一時？
原告　だらしない人が多かったです。
弁護士　バタバタ出ていき**はる**ということですか？　お風呂掃除しはる男性…二人でし**はる**

ということは…

ここで弁護士が頻繁に使う「～はる」は、関西弁で親愛語としての働きを持つ、日常的によく使われることばです。ところが、この弁護士は実は沖縄県の出身なのです。この弁護士に、なぜ「はる」を使うのか、方言をどのような意図で用いているのかを尋ねてみました。

「はる」は、「です」「ます」の代わりとなり、失礼にもならず、堅苦しくもなく便利だからよく使っています。法廷で関西弁を使うと、相手の様子が目に見えて変わりますね。関西の人には関西弁がしゃべりやすい。関西弁で身体を乗り出して話したり、トーンを下げて柔らかさを出したりします。ひらがなで語ることが大事です。

僕としては法廷に「私とあなた」という二人の世界を創り出したいと考えています。弁護士と証人の間に対等の関係、日常を創り出したいのです。僕の場合、方言とは、法廷という非日常の世界に日常を創り出す役割を果たす、戦略的手段ですね。

次は、窃盗事件の被告人に対する裁判官の質問です。居酒屋で部下に説教するような言い方です。到底法廷で語っていると思えません。これも同じ機能といえます。

…信じたいけどサ…心証が**ないやん**、どう考えても。不自然だと思うからね。正直に言ってんだけどサ…それだけです。**そやろ？**　誰が見ても君が言ってることが**おかしいや**ン。まだ続いているんだけど、言いたいことありますか？　その通りお見舞い行く以上、特定できない人**だれや？**　と、おかしくない**はずや**、と見舞いに行く間柄じゃそんなことおかしい。よく考えてみて。

この裁判官の言い方について、あるベテラン弁護士は次のように解説してくれました。

「裁判官がその場をほぐしてくれるのが一番いいわけですよ。ですから、関西弁を使う裁判官は、人間関係を瞬時につくるために大阪弁を使っているのかもしれません。大阪弁は同じレベルに立てますから、場をほぐす重要な要素ですよ。『日常のことばでいいんだよ』とメッセージを送れば、真実は出やすいですからね」

こういった機能は「日常の空間形成機能」と名付けられます。

以上三つの機能は、いずれも、「相手の心に近づこうとする機能」としてまとめることができます。

方言のカムフラージュ機能

身体障碍者である原告が、牽強付会ともいうべき理由でT社を不当解雇され、地位確認の裁判を起こした裁判を傍聴していたときのことです。被告であるT社側の弁護士が原告側弁護士に対して、大阪弁ネイティブでも「ん？」と思うようなことばを発しました。

実はこういう話も出るか思て（T社社長に）お願いして**おったんやけど**、そやね、連絡して**ぶっちゃけどうなんや**、**ゆう話したんやわ**。結論ではないけど、たくさん（お金を）出せないゆうこと**ですワ**、**センセ**。**可能性ないことないんちゃうか**、とは断定できない。そういう状況が正直なところで、金額から到底（和解は）無理でしょう。それを前提に…

「可能性ないことないんちゃうか、とは断定できない」……どういうことだろうと、わが耳を疑いました。「ちゃう」とは大阪弁で「違う」という意味です。共通語に訳すと「可能性がないことがないのと違うか、とは断定できない」つまり「可能性があると違うのか、とは断定できない」」、要は「可能性がない」ということです。

この発言は、和解の金額として原告側が二千万円要求していることを受けたものであって、非常に重要な内容をはらんでいます。二千万円も払えないという主張を、二重否定と大阪弁を交えることで、ぼかしているのです。ここは原告側としては妥協できない線だ、と傍聴席からは思ったのですが、この発言の後に、原告も弁護士もうなずいていた姿が印象的でした。

このように、ことばの意味の厳密さが要求される法廷の場において、方言が自分の主張をぼかすかのような働きをしたり、相手の主張を弱めたり曖昧にしたりする場合があります。これは、方言のカムフラージュ機能と名付けられます。

方言のリズム変換機能

裁判傍聴をしていると、眠くなる時があります。尋問や質問は、どうしても単調になる傾向があるからです。その単調さを防ぐ手段として、リズムを変えて念を押したり、一本調子になることを避けるために、メリハリをつけて方言を活用したりする場合があります。

欠陥住宅の違法性を争った民事裁判です。不同沈下した住宅を直すのに、全面的な地盤改良を要求する原告側に対して、薬液注入で十分と主張する被告側（住宅会社側）が争いました。原告側弁護士の主尋問の場面です。証人は一級建築士です。

弁護士　要するに、支持地盤まで全部改良するならば変わるけれども、上だけ変えても支持地盤はもっと底の深いところにあるから、そこの数値は上だけ変えても**変わらんよ**と、こういうことですか。

証人　ということです。

（薬液注入は災害復旧などやむをえない場合に必要、との証人の答弁を受けて）

弁護士　つまり、欠陥住宅とかじゃなくて、天災によって沈んでしまってだれにも責任を追及していけない、だれも肩がわりしてくれる人がいないから、やむを得ず自分の費用で建てかえることも**できひん**からやるという場合であるならば、やむを得ずやる場合もあると、こういうことですか。（後略）

証人　それはあると思います。…

原告によると、この裁判では裁判官が途中で居眠りを始め、持っていた鉛筆が裁判官席から落ち、静まり返った法廷にその音が響いたそうです。

この弁護士は、意図的に念押しして、敢えて聴く者にひっかかる箇所を作り、証人の本音を引き出す計算で関西弁を使用したとのことでした。とりわけ、「できひん」については、「しゃーないから（仕方ないから）やっとる」ことを裁判官に伝えたかった、と振り返り、次のようにコメントしています。

裁判官には方言を使わなくても、証人には方言を使います。証人には丸暗記するくらいにして裁判に臨んでもらうのですが、それでも緊張して忘れてしまうのです。ですから、リラックスして本音を引き出すために方言を使います。

強調したいときやニュアンスを伝えたいときも使いますね。たとえば〈**あかんわ**〉とか。裁判官（の心）にストンと落ちてもらうためにパフォーマンスで使います。

あと、尋問というのは眠たいんですよ。だから一本調子を防ぐメリハリのために使います。一本調子でいったら、ひっかからず過ぎてしまいますから。

これは方言のリズム変換機能と呼べます。このように、法廷のプロは方言を意図的に、戦略（ストラテジー）として使っていることがうかがえました。

14

知っとられるけ？ 裁判員制度
――裁判員制度PRのためには方言が有効？

鹿児島で出会った「かちけんくん」

九州新幹線が開通した二〇一一年の夏、鹿児島を旅行したときのことです。宿舎を出て大通りを歩いていると、次の看板が目に留まりました。

「おいどんたちも参加しもんそ」

鹿児島地方検察庁（以下「地検」）の前です。建物の中に入ると桜島をモチーフにした「かちけん君」が出迎えてくれました。裁判員制度のチラシが置いてあって、そこには「かちけん君」が「おいどんたちも参加しもんそ」と呼びかける絵が書いてありました。

鹿児島地検企画調査課に問い合わせると、キャッチコピーは鹿児島弁で「私たちも参加しましょう」という意味で、「かちけん君」と合わせて二〇〇六年から使っているとのこと。この

かちけん君

センパイ

ミストちゃん

キャッチコピーは職員全員で考え、いくつか候補が挙がる中で、鹿児島の特色がよく表れているとして採用されました。

鹿児島地検のホームページには「かちけん君」誕生のいきさつが載っています。二〇〇六年二月十四日が誕生日。新聞紙上で名前を公募した結果、指宿市在住のご夫婦から寄せられた、「**か**ごしま**ち**ほう**けん**さつちょう」の四文字をとって名付ける案が採用されたのです。

噴煙は元気のバロメーター、赤いハーフパンツは広報活動への情熱の証を意味し、性格は恥ずかしがり屋。趣味は鹿児島の史跡めぐり。好きな食べ物は活火山ゆえ冷たい食べ物。仲間としては、温泉巡りを趣味とする先輩にあたる「センパイ」と、屋久島出身で靴とバッグが好きな幼なじみの「ミストちゃん」がいます。

企画調査課の人いわく、

「キャッチコピーの県民の反応ですか？　うーん、それはわからないですねえ。キャッチコピーへの苦情などはありません。質問も今回が初めてです。登場した当初ほどではないですが、今でも『かちけん君』は活動しています。県の催しやゆるキャラ祭へ参加したり……。年に三、四回ですかねえ……。センパイとミストちゃんは全く出番がありません」

これを機に、ほかの地検についても裁判員制度のキャッチコピーについて調べてみました。

沖縄地検では、「ウンジュン　ワンニン　サイバンイン」（あなたもわたしも裁判員）というウチナーグチのキャッチコピーを作成し、裁判員制度の資料を取りに来た来庁者に、キャッチコピー入りのエコバッグを配布しています。

長崎地検では、「やるバイ！　裁判員」（がんばるぞ、やるぞ！　裁判員）という長崎弁のキャッチコピーと、くんち祭（長崎市の諏訪神社の祭礼）で登場する龍をモチーフにした「ドラぽん」（ドラゴンと長崎ちゃんぽんから命名）をセットにして、ポスターや絵葉書、幟《のぼり》に使っています。

名古屋地検では、「やろまい裁判員」（やりましょう裁判員）の襷《たすき》をかけて各種イベントに参加して広報活動を行ったとのこと。

山形地検のホームページには、名産のさくらんぼをモチーフにした「チェリ夫」「チェリ美」というキャラクターが登場し、「正調山形弁」「庄内弁」を話す設定になっています。「チェリ夫の日記」のページがあり、裁判員制度の説明をしたり、方言のために苦労する検察官の素顔を紹介したりして、なかなか楽しいサイトになっています。

このように、裁判員制度開始に向けて、地検によっては方言を用いた裁判員制度ＰＲキャッチコピーが作られ、それに合わせたキャラクターもつくられたのです（キャラクターについては「休廷」167頁も参照）。

山形地検のホームページより

知っとられるけ？　裁判員制度

それでは、裁判所はどうでしょうか。地方裁判所（以下「地裁」）は、裁判員制度ＰＲのために方言キャッチコピーを作ったのでしょうか。全国の地裁の広報担当者に電話をかけて調査し、全地裁から回答を得ました。

県名	方言キャッチコピー	意味
宮崎	裁判官と語らんね	裁判官と語ろうよ
大分	かたろうえ、裁判	語ろうや、裁判
長崎	やるバイ！　裁判員	がんばるぞ、やるぞ裁判員
福岡	知っと～ぉ？　裁判員	知ってる？　裁判員
広島	来て、見て、やってみんさい、裁判員！	来て、見て、やってみましょう裁判員
和歌山	つれもていこら！　裁判員	一緒に行こうよ！　裁判員
富山	知っとられるけ？　裁判員制度	ご存知ですか　裁判員制度
秋田	どれやってみるべ裁判員	まあやってみましょう裁判員
青森	わもなも裁判員！	私もあなたも裁判員！

各地裁のつくった方言キャッチコピー

結果は上のとおりで、方言キャッチコピーがあることが確認できたのは、九都道府県でした。

宮崎ではチラシ、大分では横断幕に使われ、福岡ではチラシやパンフレットに使用されています。長崎では「やるバイ！　裁判員」というコピーを裁判所職員が考え、名刺やポスターに印刷しました。

平成十八年から十九年にかけて、裁判所と検察庁は合同で、全国的に裁判員制度の広報活動を展開しました。裁判所が産んだキャッチコピーを先ほど紹介した地検でも使うようになりました。合同で使うことでより浸透するのでは、という意図もあったようです。

富山県の「知っとられるけ」は、富山の広い地域で老若男女に使われる、軽い気持ちで使える方言敬語です。「知っとるけ」という言い方もありますが、「知っとられるけ」のほうが丁寧で、距離のある人を対象に使うことばです。

青森は「わなもな裁判員」。「わな　もな」は青森県の方言で「私も　あなたも」の意味です。「地元の言葉を用いることで裁判員制度を身近に感じていただき、また、制度理解を深めていただくために作成しました。県民と裁判所がともに新しい制度を育てていきたいという願いをこめました」との回答でした。

来て、見て、やってみんさい裁判員

広島地裁の場合は力が入っています。ちらしや看板だけでなく『来て、見て、やってみんさい、裁判員！』というＤＶＤも作成しました。地元、広島カープの永川勝浩投手と球団マスコットのスライィリーが登場するストーリーです。

ある日、永川選手宛てに裁判所から手紙が届きます。「なんじゃろ？」と開封すると、裁判員の候補者に選ばれたとの通知。球団と相談の上、シーズンオフの平日なら可能と返送する永川選手。さて、無事裁判員が務まるのか…。

ＤＶＤでは、裁判員がどのように選ばれるのか、どんな仕事をするのかが、丁寧に解説されています。裁判や評議の途中で適宜メモをとってよいこと、意見の出やすい話し合いになるよう、裁判官が心がけることなども述べられています。

事案は強盗致傷で、懲役五年の判決が下されます。広島県の場合、収容力三万人の新球場（マツダスタジアム）のうちから、六人の裁判員が選ばれる計算。このような広島県民には大変わかりやすい説明がなされています。

最後は、「裁判員制度」と赤字で書かれた硬式ボールを永川選手が投げ、「来て、見て、やってみんさい　裁判員」とキャッチピーが現れ、おしまい。

県民の裁判員制度に対する不安感を解消するためにＤＶＤが作られ、キャッチコピーに広島弁を使ったのも、裁判員制度を身近に感じてもらいたかったからだそうです。広島地裁のサービス精神がうかがえます。

大阪での共同戦線

大阪は、「動く大阪弁キャンペーン」の方法を採りました。二〇〇八年三月十六日に大阪城公園で行われた「ＪＡバンク大阪 presents 大阪城リレーマラソン２００８」に、法曹三者が「始まるで！裁判員制度！」と書かれた特製Ｔシャツを着てランナーとして出走したのです。大阪地裁、大阪地検、大阪弁護士会から裁判官、検事、弁護士のそれぞれ一〇名が三チームに分かれて二〇キロコースに参加し、チームで襷《たすき》をリレーしました。その襷に書かれていたのも大阪弁でした。大阪地裁は「はじまりまっせ裁判員」、大阪地検は「やりまっせ裁判員」、大阪弁護士会は「あんたもわても裁判員」という方言襷を掛け、約四四〇〇人の市民ランナーとともに走りました。

参加二四一チーム中、地裁チームは七二位、地検チームは八八位、平均五〇歳以上で不安視された弁護士会チームも結果は一四四位ながらもみごと完走し、二〇〇九年から始まる裁判員制度をアピールしました。

今年は裁判員制度が始まって四年目、今のところ三者は市民とともに快走中（？）といったところでしょうか。いずれにしても真価が問われるのは、これからのロードをどう走り切っていくかでしょう。

方言の働きという視点から見ると、方言キャッチコピーは、裁判所と市民をつなぐ「接着剤」の役割を果たしていると考えられます。つまり、法律の公的機関のほうから、裁判になじみのない市民の心に近づこうとする働きです。またこのことは視点を変えると、市民に裁判員制度を知らしめ参加を促進する方法として、書きことばとしての方言をストラテジーとして利用し、市民を懐柔する手段としていると読み取れないこともありません。

休廷　裁判員制度PRゆるキャラ

14では、裁判員制度PRのキャッチコピーと合わせて、「かちけん君」という鹿児島地検のゆるキャラが登場しました。方言のキャッチコピーはなくても、裁判員制度PRのために「かちけん君」のようなゆるキャラを作った地検や地裁はたくさんあります。

ここでは、各機関が作成した、ユーモラスなゆるキャラたちを紹介しましょう。

まず、地検が生んだキャラクターから。

宇都宮地検は、栃木名産の苺（ストロベリィ）より名付けられた「べりぃちゃん」。

前橋地検は、上毛三山（赤城山・榛名山・妙義山）より「上毛三兄弟」として「あかぎっこ・はるなっこ・みよぎっこ」。

長野地検は、「信州おそばくん」と「信州りんごちゃん」。

このように、各地域の名産をモチーフにしたキャラクターが目につきます。

しかし、このような各地検の動きに対し、当時の鳩山邦夫法相は「裁判員制度と関係がない」と苦言を呈し、「裁判員」と絡むのは福岡高等検察庁の「サイバンインコ」しかないとして、鳩山法相みずからインコの着ぐるみを身にまとい、インコに統一するよう指示を出しました。

裁判所が生んだマスコットも紹介しておきましょう。

佐賀地方裁判所生まれの「やらんば君」。「やらんば」とは佐賀方言で「しなければならない」という意味です。佐賀県に多い、小型で黒と白のツートンカラーの鳥「かちカラス」をモチーフにしています。今も佐賀地方・家庭裁判所の封筒で活躍中です。

岡山地方裁判所で裁判員制度一周年記念に誕生したのは「ジャージー・モモ」、愛称「ジャッジーちゃん」です。頭に桃を載せ、耳には裁判員制度とシンボルマークが描かれた絵馬を耳にぶらさげた、愛くるしい牛です。

「つぶらな瞳は清廉潔白で公平な裁判所を象徴しており、県民の皆さんに裁判所をより身近に感じてもらうため、岡山地方裁判所の広報活動などを頑張っていきますので、どうぞよろしくお願いします。平成二二年五月二一日　岡山地裁」

とサイトに説明されています。

「和歌山ちかサイ」は一職員が考案したとのこと。命名は「和歌山地方裁判所」と「和歌山家庭裁判所」のしゃれです。公認ではないけれども、随所に使われているそうです。

福井地方裁判所の「フク子」は、市民向けの広報「裁判所ナビ」二〇〇五年九月号より登場しました。けれども、裁判員制度が軌道に乗ったので、もうナビ自体発行はされず、フク子の役目も終わったようです。

長野地方裁判所は雷鳥をモチーフに「トライくん・ライムちゃん」という雄雌のマスコットを作り、携帯ストラップにして市民に

配布したとのことですが、記録として残っていないのが残念です。

　裁判員制度の開始にあたって登場したさまざまなゆるキャラたち。その後もマスコットとして定着しているものもあれば、制度開始後に消えてしまったものもあります。その栄枯盛衰に一抹の寂しさを禁じ得ません。

　ゆるキャラは、方言キャッチコピーと同様、裁判への市民の抵抗感をなくすこと、市民に親しみをもってもらうことを意図したものでしょう。全国各地で一斉にこのようなマスコットが登場するという過剰なまでの現象は、逆説的に、ふだんいかに裁判が市民から遠いものであるかを表しているように感じます。

　「ジャッジーちゃん」のつぶらな瞳の奥には、法と市民との深い断絶への訴えが宿っているように見えます。

15
俺が嘘ついてるゆーんか
——法廷の方言が持つ機能（Ⅱ）

無意識の方言

13では方言を意図的に扱う専門家について述べましたが、傍聴していると、被告（人）や一市民としての証人の中にも、関西弁でまくしたてる人が少ないながらもいます。

ある弁護士いわく、そういう人は何度も裁判所にお世話になっている「常連」か、「自分のストーリーをあらかじめ創って完璧なウソを言ってくる人」なのだそうです。「方言を駆使する人物は警戒すべき対象だ」と言う法律のプロもいます。

たしかに、9の「豊前『方言権』裁判」や11で紹介した「ウチナーグチ裁判」のように、あらかじめ準備をして戦略として方言を使う「素人」もいます。しかし、それはごくまれなケースでしょう。

素人が法廷で方言を話すときに、最もよくあるのは、無意識のうちに話しているか、そのことばが方言ではなく標準語だと思い込んで話す場合でしょう。交通・損害賠償をめぐる民事事件での原告の証言で、次のような発言がありました。

さいぜん申し上げた時の価格がかかっております

さいぜん申し上げたかたちで積み込みに行ってます

「さいぜん」とは「さっき。今しがた」という意味の大阪方言ですが、この原告が標準語の中に組み込んで普通に使っていたところを見ると、「さいぜん」を標準語とみなしている節があります。

方言の引用機能

素人でも意図して方言を話すときによくあるのは、引用の場合です。これは方言の引用機能と呼べます。特に、恐喝事件における脅し文句は、方言使用が多く、標準語に置き換えることはできません。

弁護士 この（録音反訳テープ）中で「マツダのおっさん、足引っ張るし**やめさせなあかんな**」と言ったでしょ？

証人　「マッダ、**こんなんやねん**」と話したかもしれません。…

これは「強要・脅迫・電磁的公正証書原本不正記録、同供用・業務上横領・詐欺」という非常に長ったらしい罪状の事例での、弁護士による反対尋問中のやりとりです。和歌山県の温泉地の有名ホテル倒産も絡む事件で、不正な首切りがあったり、証人が知らない証拠物件として録音反訳テープが出てきたり、複雑きわまりない裁判でした。

この場面はその中で録音反訳テープの中身について話が及んだときの尋問であり、証人はそのときに話したとおりに話さざるを得ない立場になっています。

引用機能はもちろんプロも使います。証拠として引用されることばですから、冒頭陳述や判決文にも登場します。

次は、検察官が読み上げた恐喝事件の冒頭陳述からです。

女性従業員に「**ドウシテクレルンヤ**」…「**買**ッ**タンヤ**」…「**持**ッ**テ行**ッ**タンヤ**」…「ヤクザの組長大変**怒**ッ**テルンヤ**、**ドウシテクレルンヤ**」…「大変**ヤ**ッ**タンヤ**、若い者二人。この件**ドウシテクレルンヤ**」…「**ソンナモン**で済むか、どうなるか**ワカ**ッ**トルンカ**」…「**オマエトコ**誠意**見セロヤ**」…「**ドウスルンヤ**。自腹で**払ウンカ**」…「俺が嘘ついてる**ユーンカ**。**若イ**

モンと行くぞ」…恐喝された店側は払うことを承諾し、被告人は受け渡し場所を梅田駅に指定して、自分は忙しくていけないので、舎弟の山田に渡せ、と告げ…

被告人は無職で、前科十二犯。妹宅に居候して小遣いを二、三万円もらっていました。犯行当時はパチンコ代に事欠いていたため、飲食会社、とりわけ洋菓子には因縁をつけやすいことに目をつけ、奈良県の、ある洋菓子チェーン店に狙いを定めました。

恐喝の内容ですが、「そこの店で買ったイチゴタルトを静岡県のヤクザの組長に持っていったところ腐っていたので、持っていった二人の組員が殴られた。一応二人分一万六千円で許しを乞うために払い、組長が奈良の店に電話をしないようにするために抑えているところである」といった内容をでっち上げて、金を脅し取ろうとしたのです。なぜ一万六千円なのか、よくわかりませんが。

もうひとつ例を挙げましょう。裁判官が読み上げた傷害保護事件の判決文からです。

主文　この事件については、少年を保護処分に付さない。

理由1　本件送致事実は、少年は、…第2　同日時場所において仲裁に入ったXに対し「お前も外に**来いや**。」などと怒号し、同所において手拳により…

理由2　よって審理したところ、関係証拠によれば、本件プレイボールスタジアムの店員は、犯行現場で犯人に傍に寄られて「警察に電話したら**しばくぞ。**」などと脅されたことなどから…

（大阪弁護士会刑事弁護委員会編『刑弁情報』No.33、二〇〇五年、33-34頁）

「しばく」とは、もともと紐やむちなどの細いもので打つ意味ですが、今では大阪弁で「たたく・殴る」の意味で使われています。「警察に電話したら『たたくぞ（殴るぞ）』」では、大阪で起こった犯罪の脅し文句としては収まりが悪いのです。

方言は弱いものいじめの道具？

素人が法廷で方言を使うケースを紹介してきました。稀な意図的・戦略的な使用、無意識の使用、引用機能…。

しかし、法廷ではまだまだ、素人が方言では発言しにくいというのが実情です。なぜなら、法廷における方言は、法律のプロには開かれたことばとなっていますが、素人には閉じられたことばとなっているからです。

一般に、方言というと「プライベート（くつろいだ場）で使われ」「仲間意識を形成し」「親しい間柄であればあるほど使う」ことばとされています。しかし、法廷に現れる方言は「オフィシャル（かしこまった場）で使われ」、しかも、「相手を攻撃する」目的で「疎の人間関係にある対象ゆえに使う」ことばに変貌します。

法廷で証言する人は、ただでさえ緊張しているのに、普段と違うことばで質問されると、いっそう考え込んでしまって、なかなかスムーズに答えが返ってこない、あるいは、答えが本人のことばではない答えで返って来たりするのです。

それで、後で調書を読んだ時のことも大事だが、相手から答えを引き出しやすい尋問をすることも大事だと思って、できるだけ証人が普通に使っていることばで尋問しようと考えるようになりました。

これはある弁護士の方からいただいた書簡の中のことばですが、法廷ゆえに改まったことばを使わねばならないと考える素人の姿を、よく表しています。

素人にとって普段使う方言は、法廷という非日常の場では封印されることになります。しかし、プロにとっては法廷は日常的な仕事の場ですから、普段どおりのことばを無意識のうちに使うこともありますし、意識して戦略的に使うこともできるわけです。

したがって、時としてプロが使う方言は、素人を追い詰める「弱いものいじめの道具」と化するのです。そのようなケースを13では「攻撃機能」として紹介しました。

方言というと、標準語の下位にあたる被支配者のことばのような印象を持たれますが、法廷での方言は権力となり得ることばです。方言は、「改まった場での意思疎通」の用途で「公用」のために使われており、「改まった公的な場で最も」その持ち味をいかんなく発揮します。方言使用の主導権を自由に扱っているのが法曹関係者たちなので、方言は証人に対して優位に立つ手段として機能します。

ある弁護士は次のように語ります。

証人は尋問では方言を使えないんです。テストのとき同様、ガチガチにあがっていますから。だから、こちらは本音を引き出すために方言を使うことがあるわけです。けれど逆に言うと、方言を使えるということは、「ここ（法廷）は自分のフィールドだ」ということを示します。この時間この場を支配しているのは、そのときの方言の使い手なのです。

つまり、方言を使うことは、力関係において、圧倒的に自分のほうが上であることを相手に示すことになります。

方言を使うことはその時空間を支配することを意味するので、シチュエーションに敢えてそぐわないことばを使うことで、主体的にその場を変えていくきっかけとすることができる、つまり、場の主導権を握れるんですよ。その意味において、方言は「威圧の手段」であると同時に「パワーを持つ」と言えるのではないでしょうか。

法廷における振る舞いの意識の差が、「自信の表れとしての方言」を生みだしていると言えます。

「方言権」（方言で話す権利）

法廷は、法律の素人に対して標準語で話すことを迫る空間です。しかし、人間には自分が使いたいことばで話す権利（言語権）があります。これはだれからも妨げられるものではありません。筆者はこの権利の中には方言で話したい権利、すなわち「方言権」が存在する（認められる）と考えます。

法曹のプロは、法律の素人が法廷でも自分のことばで話せる雰囲気をつくるべきだと思いますし、そういうことばを引き出す役割を負っていると考えます。ガチガチの状態で自分のことばで話せないがゆえに、法廷で真実を明らかにできない場合も十分あり得ます。普段のことば、方言で語ることで真実に近づくこともあるでしょう。

ことばはアイデンティティです。法廷における方言使用は、自らのアイデンティティを守るための、市民の人権としての方言使用という意味を持っています。「方言権」は、市民が公の場において自分のことばで語ることを保障する、基本的人権のひとつであるといえるでしょう。

最終弁論

法と教育

模擬裁判選手権に向けた特訓に励む、高校生たちと筆者（右から２人目）

16 異議あり！
——法教育の最前線・模擬裁判選手権

1 法教育って？

「法教育」とは、Law-Related Education（LRE）の訳語です。法学部や法科大学院における法学教育（Legal Education）とは区別されます。

二〇〇四年に発行された法教育研究会「報告書」では、次のように定義しています。

> 一般の人々が、法や司法制度、これらの基礎となっている価値を理解し、法的なものの考え方を身に付けるための教育

法やルールの背景にある価値観、司法制度の機能や意義を考える思考型の教育、社会に参加することの重要性を意識付ける社会参加型の教育です。思考力・判断力・表現力などの生きる

ための力を高めることを重んじています。ですから、条文や法律用語を覚えたりといったペーパー型の学習ではないのです。

この法教育が二〇〇八年、二〇〇九年に文部科学省が改訂した学習指導要領の社会科や公民科、家庭科、道徳教育、特別活動などの項に規定され、二〇一一年の小学校での法教育の実施を皮切りに、二〇一二年に中学校、二〇一三年に高校と順次取り入れられていくことになっています。

しかし、国語科の学習指導要領には、法教育の規定はありません。そもそも法はことば無くしては存在することができませんし、法が人々を規制するのはことばの力によってであり、人々が法を変えるのもことばの力によります。思考力・判断力・表現力を培うことは国語科の目標にも合致しています。

筆者は国語科の教員ですが、法とはことばそのものであり、法教育とは換言すれば「法言語教育」だという持論ですから、国語科にも規定を設けるべきだと考えています。

2 法教育の実際

筆者は二〇〇二年から国語の授業で模擬裁判を行ってきました。模擬裁判とは、生徒が裁判官、検察官、弁護人、被告人、証人、裁判員などに分かれて、裁判資料をもとに議論を重ねてシナリオを完成させ、最後は教室に実際の法廷を再現して判決を下すという本物の裁判をまねて行う授業です。

同じ模擬裁判といっても、裁判所や弁護士会作成のシナリオを使って即興でおこなうもの、既存の資料をもとに、自分たちで推敲してシナリオを改変して行うもの、司法修習生なみに一からシナリオを創造するものなど、いろいろあります。また、模擬裁判をしなくても、裁判を傍聴するだけでも勉強になります。

ほかには、司法書士との協同で、契約の文章を教材にして行う授業もあります。考えてみると、買い物ひとつとっても日々の暮らしは「契約」で成り立っています。意識しなくとも、契約は身近な行為です。各地の司法書士会は、早くから消費者教育に取り組んできました。ノウハウの蓄積もあり、教材も年々練られています。

社会保険労務士や弁護士との協同で労働法にまつわる授業もできます。アルバイトをする生徒が多い高校での実践例として、勤務先から労働条件契約書をもらってくるという課題が出されたことがあります。すると、最低賃金が守られていないことが判明したり、その課題を契機に労働条件改善まで波及したりしたこともあったようです。

「休廷　判決文の通信簿」（145頁）で述べたように、裁判員裁判の判決文を教材にして、わかりやすい文章について考えることもできますし、憲法を自分たちのことばで書き直すこともできます。自分たちの憲法やマニフェストを創ったりするのも法教育です。昔話や、教科書掲載の小説や評論を、法教育の視点から読み直すこともできます。たとえば、「桃太郎」は鬼が島に鬼退治に行きますが、鬼の立場からしたら桃太郎は「強盗致傷」にならないでしょうか。「かちかちやま」のタヌキを溺死させたウサギはどうでしょう。殺「人」罪にならないのでしょうか。

森鷗外の『高瀬舟』は安楽死事件を、芥川龍之介の『羅生門』に登場する下人の論理は、死刑制度を考える教材になります。古典落語にも「天狗裁き」「佐々木裁き」「つぼ算」「一文笛」など、裁判にまつわる作品が豊富にあります。

法教育は決して「教科」の枠内にとどまりません。素材は子供の日常生活の中にふんだんにあります。掃除当番の決め方、友達同士のトラブルなど、学校生活でのルールや争いごとのすべてが教材となります。

3　高校生模擬裁判選手権

裁判員制度の導入を二年後に控えた二〇〇七年八月十八日、日本弁護士連合会主催の第一回高校生模擬裁判選手権が、大阪・東京で同時開催されました。この大会は、各高校が最大十四名までの検察と弁護のチームを組織し、決められた事件を素材に、派遣弁護士の支援を受けな

第２回高校生模擬裁判権手権・東西対抗戦の様子

がら高校生の発想で争点を見つけて整理し、法廷で冒頭陳述から証人尋問、被告人質問、論告、弁論を行います。刑事裁判のルールにもとづき、物事のとらえ方や表現方法を学び、刑事手続きの意味や刑事裁判の原則の理解をねらいとした法教育です。

午前中ある高校の検察チームがほかの高校の弁護チームと闘ったら、午後はその高校の弁護チームが他の高校の検察チームと闘い、その二回の戦いぶりを法曹三者や研究者、司法記者などが評価し、その総合点で優勝を決めるという方式です。「模擬裁判甲子園」とも呼べるでしょう。

二〇〇七年の第一回大会は、関西大会と関東大会と別立てで行われましたが、翌年の第二回大会は、日本一を決める「東西対抗戦」が行われました。二〇〇九年の第三回からは、最高裁判所や法務省、検察庁も加わる共催となり、実際の裁判所の法廷で行われることとなりました。同年には九州大会、二〇一〇年の第四回大会からは四国大会も始まり、年々、規模を拡大して行われるようになっています。

筆者が関わる京都教育大学附属高校は、第一回大会から五連覇を成しとげ、東西対抗戦では湘南白百合学園を破り、初代日本一に輝きました。第六回大会（二〇一二年）は惜しくも準優勝に終わりました（優勝は立命館宇治高校）。関東では、湘南白百合学園、四国では高松第一高校が、複数回優勝している「強豪」です。

模擬裁判選手権への参加の形態は各高校に一任されていますので、有志で出場したり、法学コースの生徒が中心になったり、選考で学校代表として選ばれたり、さまざまです。

4　さまざまな出会い

模擬裁判の指導において、心がけていることは生徒といろいろな人との出会いをプロデュースすることです。法教育のゲスト講師は、裁判官・検察官・弁護士、司法書士、社会保険労務士といった法律のプロが一般的ですが、授業ではそれにとどまりません。

殺人事件では法医学者に来ていただだて解説をしてもらいましたし、事件を報道する司法記者からアドバイスを受けるときもあります。いわば地域社会における「その道のプロ」すべてが講師になります。

模擬裁判の資料でクリスマスケーキが重要となれば、生徒と一緒にケーキ店を訪ね、銃を使った犯罪のときは、銃砲店を経営されている猟友会のメンバーのかたをお招きしたこともあります。できるだけリアルな体験をもとに考えることが大事です。

模擬裁判ですから、どれだけその人になり切るかも大事です。劇団四季のメンバーだったかたに、演技指導をしてもらったこともあります。

「自分がわかって言っていることが相手に伝わっているか常に考える。上手な役者は一心不乱に演技しているのではなく、そのことをずーっと考えながらやっている」

というアドバイスに、生徒たちはみな、目から鱗でした。

もちろん、生徒らで調査に出かけるときもあります。宝石の窃盗事件のときは、「実は、僕の兄が婚約指輪をさがしておりまして…」という怪しい客を装った生徒らに、店員さんは親切に対応してくださったようです。

時に全く立場の違うかたに来てもらうこともあります。弁護士と検察官という立場の違う人が、同じ事件について語るとき、着眼点が全然違うので、生徒はどちらの言い分が本当なのかわからなくなります。しかし、その考えの「ゆれ」が教育上非常に大事なのです。

たとえば、時効制度廃止に尽力した全国犯罪被害者の会（あすの会）代表幹事、林良平さんに来ていただいたときは、いかに日本の法制度が加害者に手厚く被害者に対して冷たいかを語ってもらいました。

「被害者が裁判には必ず存在する。その人のことを思ってこその裁判なのではないか」

これは生徒の感想ですが、林さんのお話を聴くことで現行法制度への疑問を強く持つことになります。

西宮市で起きた甲山事件の冤罪被害者として、二五年間犯罪者のレッテルを貼られた山田悦子さんを迎えたときは、捜査の際の非人権的な扱い、冤罪とされた苦しみを伝えてもらいました。そのお話を通じて生徒は、「疑わしきは罰せず」の理念を深く理解し、「弁護人は命をかけて、被告人を救わなくてはならない」という感想を持ちました。

教師が生徒とさまざまな人々をつなぐ接着剤となることで、「かっこいい」大人から社会の現実を学び、広い視野を身につける機会を生徒に提供できるのです。

5　ことばに命を吹き込め

同じ模擬裁判の授業を行うにあたって、論理的思考力や表現力を大事にするのは公民科でも国語科でも同じでしょう。では国語科の模擬裁判は何が違うのでしょうか。

社会科では手続きや仕組みの理解に重点を置きます。一方、国語では「ことば」に重点を置きます。専門用語ではなく、耳で聴いてわかりやすいことばを大事にします。そして、ことばを通じて「読み解く」ことを重視します。読み解いた上で育まれる力が「社会的想像力」ではないかと考えます。

人生を左右する裁判は、法というモノサシをあてれば解決するという単純な営みではありません。与えられた資料にすべての事実が記されているわけでもありません。事件を紙の上の出来事として捉えるのではなく、被害者の遺族や被告人の家族はどんな思いなのか、マスコミは事件をどう伝えるのかなど、模擬裁判の外側の人々をどれだけリアルに想像できるのかが大事なのです。証言や資料の向こう側にいる人間が見えた上で、判断を下していかねばなりません。これは、「読み解く力」以外のなにものでもありません。

次の文章は、生徒の感想です。

私にとってこの事件の被害者、被告人は誰でも良かった。被害者はこの後怪我をしてしまったせいで職を失い、どうやって妻を養っていくのか、被告人はこのような事件を起こしてしまいこれからその家族はどうやって生きていくのか、そんなことは一つも考えられず、ただ紙面の上でのっぺらぼうがのっぺらぼうに撃たれ、さぁ殺意はあったのかなかったのか考えてしまっていた。これではいくら「思考力」や「表現力」が身についたとしても模擬裁判をした意味はない。

どうしてこの人はこんなことを言ったのか、もしくはやったのか。そしてこの後どうすれば被告人は罪を償い、被害者は救われるのか。そのようなことを考え合わせて、適切な罰を与えるためにはどのような訴訟活動を行えばいいのか、考えることこそが真の裁判だと私は気づいた。

模擬裁判は、やり方を誤れば「知的ゲーム」になってしまいます。そうならないためにも、人間への深い洞察力が大切になってくるのです。それが無いと「人が人を裁く」意味を謙虚に感じられなくなる恐れがあります。

裁判に関係する人々を招き、生徒に出会わせるのは、頭の中だけで考えるのではなく、リアリティを持って考える環境づくりのためです。頭だけで考えた言葉は人の心に響きません。裁判が人間の営みである以上、言葉に命を吹き込むことが何よりも大切です。命を吹き込むためには、資料の向こう側の「人間」に「出会う」必要があるのです。

6 高校生の思いと教師の思い

参加する生徒の中にはもちろん、法曹志望者もいますが、むしろそういう生徒は少数派です。将来保育士になりたい生徒もいますし、理系の生徒も多くいます。ほとんどが「おもしろそう」という純粋な知的好奇心で集まってきます。

模擬裁判に参加することで、生徒は何を得るのでしょうか。それは活動を終えてから書いてもらう感想からうかがうことができます。生徒が挙げるのは論理的思考力であったり、多様な視点から物事を見る大切さであったり、表現力であったりしますが、「模擬裁判をやったからこれだけの力がついた」とはなかなか検証しにくいように思います。

模擬裁（判）をやって何が変わったのかはやっぱりよくわからないんだけれども、わたしはこのこれとは何の関係もないある文章を書いていて、「犯人」と打ち込んで何か違う気がしたから、「容疑者」に書き換えた。小さなことだけど、そういうふうに模擬裁はわたしのなかに息づいていて、きっと何かになっているんだと思いたい。模擬裁をしたわたしとしてないわたしはたぶん違う。

といった体に残る息遣いや、

（学んだことは）一つにくくれるような統一されたものではないのですが――いわゆるエッセンス的なものだと思います。まだただの種でしかないために意識されないだけで、将来大きく人生の根幹に影響を及ぼすかもしれない「何か」。そういうものを受け取っているんだと思います。

といったことばで表現できない「何か」を学んでいるのでしょう。その何かが花開くとき、この教育の成果は初めて検証できるように思います。どう芽吹くかもわからないけれど、将来を担う生徒にあてどない期待を持って実践しているというのが教員側の思いです。

こうやって感想をかいていると、「あぁ、模擬裁判終わっちゃったなぁ」と思い知らされるが、決して終わったわけではない。僕の中で、この活動で得たことは生き続ける。そして、僕は考えることをやめない…

こんな感想を読むと、思わず期待したくなります。

確実に生徒が実感するのは、数か月の間、家族や学校の友人の誰よりも、同じ時間や空間を過ごした仲間とのつながりです。

始めは自分のためだった。最後にはみんなのためになっていた。みんなでひとつの目標に向かって突き進むことの素晴らしさを知った。それは容易には見ることのできない美しいものだった。メンバーとは家族よりも一緒にいる時間が長かった。まさに第二の家族だった。

仲間と同じ目標に向かって協力し合い、腹の底が温かくなるような体験を心と体に刻み込んだ彼らが、いつか模擬裁判で得た「もの」を生かして、隣の人と手を取り合いながら、よりよい社会を創る担い手となる。「優勝」以上に、こんなにうれしいことはありません。現に、第六回出場メンバーたちは、大会が終わってからも、模擬裁判の課題として扱われたDV（ドメスティック・バイオレンス）事件についての学習を継続し、高校生として社会にできることを模索しています。

彼らは法律の素人であり、専門用語もわかりませんが、法廷というフィールドの中のことばにはまって、自分の頭で考え、他の人と議論し、だれにでもわかることばを紡ぎ出しながら、人間や社会を見る眼を養っていきます。そのプロセスは理想的な裁判員のあり方と共通するところでしょう。

一見するととっつきにくい法の向こう側には、呻吟する人間の姿があります。その人間を少しでもわかろうとするために、ことばは存在します。

「法」は「生きることば」と出会う場でもあります。

模擬裁判の成果がわかるのは、もう少し先のことのようです。

閉廷　――そして判決は…

私の財布の中には「ピンク」のお守り（？）が入っています。そこには「期日　22・1・27　傍聴券　名古屋地方裁判所」とあります。私が裁判員裁判を初めて見たのは、二〇一〇年一月二七日の名古屋でした。午後に名古屋地裁に着いた私は、その日偶然、裁判員裁判が開かれていることを知りました。急いで駆けつけた法廷では、まさに傍聴の抽選が行われようとしていました。争うのは、私とOLらしき人とおじいちゃんです。残るは二席。

おじいちゃんが「いんじゃんで決めよう」と言い出しました。「いんじゃん」とは標準語「じゃんけん」の関西弁です。名古屋でも使われたことに驚きましたが、「いんじゃんの激闘」の結果、おじいちゃんは負けました。こうして手に入れたのが、最後に残った傍聴券だったのです。

「ご説明の所要時間は二〇分を予定しております」

傍聴で最も印象に残ったことばです。まるで鉄道会社のように、「到着時間」も示す検察官側のサービスのよさにびっくりしました。裁判官だけによる裁判とくらべると、確実にことばがわかりやすくなっていました。

けれども、まだまだ専門家と市民のあいだには深いことばの溝があります。明治以来のことばの溝に、一〇〇年以上たってようやく、「埋め立て」が始まったのですから。市民のことばにより法廷のことばは変えられていくだろうし、法廷のことばによって市民のことばもまた変わっていくかもしれません。ことばの溝については、「幸福な結末」になることを予想しています。

一国語教師にすぎない筆者が、二〇〇二年に模擬裁判の授業のおもしろさにはまり、裁判傍聴にはまり、法廷に現れることばに興味を寄せるようになりました。こうして、本書の副題にある「傍聴センセイ」が誕生したのです。

一方で、筆者の研究上の専門は、方言学・社会言語学です。思いついた博士論文のテーマが、「法廷」と「方言」という「好きなもの」をかけあわせた、「法廷における方言」でした。二〇〇八年にこのテーマで文学博士号（大阪大学）を授与され、日本方言研究会でその成果の一端を報告した際に、大修館書店の山田さんに興味をもっていただいたことが、本書誕生のきっかけです。ことばをめぐる思索については、ご協力くださったかたがた、京都教育大学附属高校の生徒のみなさんから刺激を受けました。心から感謝しています。

はたして「法廷のことば」を通じて「人間」の温度（ぬくもり）を感じていただけたでしょうか。判決は読者のみなさんにゆだねるほかありません。

では、これにて閉廷いたします。

主な参考文献

1

佐藤むつみ（二〇〇七）「弁護士石松竹雄先生」日本民主法律家協会『法と民主主義』8・9月号、No.421

2

田辺寄席世話人会編（二〇〇四）『田辺寄席三〇周年公演記念文集』

――（二〇〇六、二〇一一）『田辺寄席ニュース　寄合酒』No.399、No.544

3

丁海玉（二〇一〇）『こくごのきまり』土曜美術社出版販売

4

「文藻」（二〇〇九、二〇一〇）日本調停協会連合会『調停時報』173号、175号

5

田中明宏（二〇〇五）「矯正施設で活動する民間協力者　教誨師」『矯正の窓』春号、財団法人矯正協会

7

石松竹雄・石渡照代編（二〇〇〇）『守ろう！　裁判所速記官　司法の充実・強化を求める』現代人文社

最高裁判所事務総局（一九九六）『平成八年九月訟廷執務資料第66号　法廷速記の反訳処理』

9

新木安利・梶原得三郎編（二〇〇八）『松下竜一未刊行著作集4　環境権の過程』海鳥社

田中克彦（二〇〇二）『法廷に立つ言語』岩波書店

松下竜一（一九九九）『松下竜一　その仕事13』河出書房新社

環境権訴訟をすすめる会事務局（一九七四、一九七七）『草の根通信』15号、17号、49号

10

笠松健一（二〇〇九）「音声認識システムのとんでもない誤変換」『速記官制度を守る会大阪支部ニュース』No.39

札埜和男（二〇〇九）「法廷とユーモア」『笑い学研究』No.16、日本笑い学会

11

真田信治（二〇〇五）「言語と方言」真田信治・庄司博史編『事典　日本の多言語社会』岩波書店

知花昌一・沖縄「日の丸」弁護団（一九九三）『控訴趣意書』

知花昌一（二〇〇四）「日本国憲法に憧れ、日の丸を焼いた人生」米田綱路編『抵抗者たち―証言・戦後史の現場から』講談社

仲里効（二〇〇五）「一九七二オキナワ　映像と記憶8　ことばが法廷に立つ時」未来社『未来』10月号

那覇地方裁判所（一九九三）『「日の丸」裁判那覇地裁判決文全文』

フィールド・N、大島かおり訳（一九九四）『天皇の逝く国で』みすず書房（Norma, Field. 1991. *In the Realm of a Dying Emperor: Japan at Century's End*. New York: Pantheon Books.）

福岡高等検察庁那覇支部（一九九四）『沖縄「日の丸」裁判控訴審福岡高等検察庁那覇支部答弁書』

ましこ・ひでのり（一九九九）「戦前・戦後日本の言語事件史　戦後編」『ことばと社会』1号、三元社

『読谷小学校創立百周年記念誌』（一九八三）

12

武宮英子（二〇〇六）「ここを故郷と思って」仙台高等裁判所編「TOHOKU」10号

西原春夫・新倉修・山口厚・井田良・松宮孝明（一九九五）『刑法マテリアルズ』柏書房

13

札埜和男（二〇一三）『法廷における方言』和泉書院

15

大阪弁護士会刑事弁護委員会編（二〇〇五）『刑弁情報』No.33

16

関東弁護士会連合会（二〇〇二）『法教育—二一世紀を生きる子どもたちのために』現代人文社

札埜和男（二〇一三）「第十四章　法言語教育」橋内武・堀田秀吾『法と言語』くろしお出版

法教育研究会（二〇〇四）『法教育研究会「報告書」我が国における法教育の普及・発展を目指して』法務省大臣官房司法法制部司法法制課

【裁判員・陪審員になる資格】

浦辺衛（一九六八）『司法研修所調査叢書第9号　わが国における陪審裁判の研究』司法研修所

【死刑と短歌】

石井良助（一九九二）『刑罰の歴史』明石書店

児島桂子（一九六九）『一死刑囚への祈り』修道社出版

佐藤友之（一九九四）『死刑の日本史』三一書房

島秋人（一九六七）『遺愛集』東京美術

島秋人（二〇〇四）『《愛蔵版》遺愛集　いのち愛しむ獄中歌集』東京美術

【裁判所職員・室生犀星】

日本経済新聞社編（一九八三）『私の履歴書　文化人1』日本経済新聞社

室生犀星（一九二八）「紙碑」『文藝春秋』6月号

室生犀星（一九四二）『泥雀の歌』実業之日本社

【離島での法律相談】

大川哲次（二〇〇九）「鹿児島県の離島での巡回ボランティア法律相談会の実施について（上・下）」『月刊大阪弁護士会』11月号・12月号

大川哲次（二〇一一）「第九回離島でのボランティア法律相談会の実施報告　気仙沼大島と陸前高田を訪問して（上・下）」『月刊大阪弁護士会』11月号・12月号

【判決文の通信簿】

津留崎裕（一九九四）「英米の判決文」『日本語学』1月号13巻、明治書院

［著者紹介］

札埜和男（ふだの　かずお）

1962年大阪府生まれ。慶應義塾大学法学部政治学科卒業。文学博士（大阪大学）。方言学・社会言語学専攻。現在、京都教育大学附属高等学校国語科教諭、明治大学 法と言語科学研究所客員研究員。著書に『大阪弁看板考』（葉文館出版）、『大阪弁「ほんまもん」講座』（新潮社）、『法廷における方言—「臨床ことば学」の立場から』（和泉書院）などがある。

法廷《ほうてい》はことばの教室《きょうしつ》や！——傍聴《ぼうちょう》センセイ裁判録《さいばんろく》

NDC810/198p/19cm

初版第１刷——2013年7月1日

著者——札埜和男《ふだのかずお》
発行者——鈴木一行
発行所——株式会社 大修館書店
〒113-8541　東京都文京区湯島2-1-1
電話 03-3868-2651（販売部）03-3868-2291（編集部）
振替 00190-7-40504
［出版情報］http://www.taishukan.co.jp

装丁・表紙イラスト——クリヤセイジ
印刷所——広研印刷
製本所——司製本

ISBN978-4-469-22228-9　Printed in Japan